ASPECTOS POLÊMICOS E PRÁTICOS DOS NOVOS DIREITOS DOS EMPREGADOS DOMÉSTICOS

Marcos Scalércio é juiz do Trabalho do TRT da 2 Região, aprovado também nos concursos para Magistratura do Trabalho dos TRT's da 1 e 24 Região, Professor do Damásio Educacional de Direito e Processo do Trabalho, Professor convidado para palestrar nas Escolas Judiciais dos TRT's da 1, 2, 5, 7, 17 Regiões, Autor de obras e artigos jurídicos, Palestrante. Instagram: @marcosscalercio / Twitter:@marcosscalercio

Leone Pereira é Advogado Trabalhista e Consultor Jurídico Trabalhista do Escritório PMR Advogados, Professor, Autor e Palestrante. Pós-Doutorando pela Faculdade de Direito da Universidade de Coimbra. Doutor e Mestre em Direito do Trabalho e Processo do Trabalho pela Pontifícia Universidade Católica de São Paulo (PUC/SP). Especialista em Direito do Trabalho e Direito Processual do Trabalho, com capacitação para o ensino no magistério superior. Atualmente, é Coordenador da Área Trabalhista e Professor de Direito do Trabalho, Direito Processual do Trabalho e Prática Trabalhista do Damásio Educacional e da Faculdade Damásio. Professor e Palestrante de Direito do Trabalho e Direito Processual do Trabalho na Escola Superior de Advocacia - ESA/SP. Membro Efetivo da Comissão de Direito Material do Trabalho e de Direito Processual do Trabalho da OAB/SP. Sua experiência profissional inclui a Coordenação e a Docência em diversos cursos de Graduação, Pós-Graduação e preparatórios para concursos públicos e exames de ordem, Palestras em diversos eventos jurídicos por todo o país e Entrevistas para jornais, revistas e programas de televisão. Autor de diversos livros e artigos jurídicos.

Verônica Pavan é advogada, Pós-Graduanda em Direito do Trabalho e Seguridade Social pela Faculdade de Direito da Universidade de São Paulo – USP (Largo de São Francisco), é Pós-Graduanda em Direito e Processo do Trabalho pela Pontifícia Universidade Católica de São Paulo – PUC/SP, é Membro do Grupo de Pesquisa Trabalho e Capital da Faculdade de Direito da Universidade de São Paulo – USP (Largo de São Francisco).

Marcos Scalércio
Leone Pereira
Verônica Pavan

Aspectos Polêmicos e Práticos dos Novos Direitos dos Empregados Domésticos

LTr®

LTr EDITORA LTDA.

© Todos os direitos reservados

Rua Jaguaribe, 571
CEP 01224-003
São Paulo, SP — Brasil
Fone (11) 2167-1101
www.ltr.com.br
Maio, 2017

Versão impressa — LTr 5747.1 — ISBN 978-85-361-9163-8
Versão digital — LTr 9148.3 — ISBN 978-85-361-9254-3

Dados Internacionais de Catalogação na Publicação (CIP)
(Câmara Brasileira do Livro, SP, Brasil)

Scalércio, Marcos
Aspectos polêmicos e práticos dos novos direitos dos empregados domésticos / Marcos Scalércio, Leone Pereira, Verônica Pavan. – São Paulo : LTr, 2017.

Bibliografia
1. Empregadores – Direitos 2. Empregados domésticos – Direitos 3. Empregados domésticos – Leis e legislação – Brasil I. Pereira, Leone. II. Pavan, Verônica. III. Título.

17-02618 CDU-34:331:647.2(81)

Índice para catálogo sistemático:

1. Brasil : Empregadores e empregados domésticos : Direito do trabalho 34:331:647.2(81)

SUMÁRIO

APRESENTAÇÃO 9

CAPÍTULO 1
CONCEITOS E EVOLUÇÃO DO EMPREGADO DOMÉSTICO NO BRASIL

1.1 CONCEITOS 11
1.1.1 Requisitos caracterizadores do vínculo empregatício 11
1.1.2 O empregado rural 12
1.1.3 O empregado doméstico 13
1.2 HISTÓRICO DO EMPREGADO DOMÉSTICO NO BRASIL 14
1.3 EVOLUÇÃO LEGISLATIVA DO EMPREGADO DOMÉSTICO NO BRASIL
(Lei n. 5.859/1972, CF/1988, Lei n. 11.324/0 e EC n. 72/2013) 16

CAPÍTULO 2
A NOVA REGULAMENTAÇÃO DO TRABALHO DOMÉSTICO:
A LEI COMPLEMENTAR N. 150/2015

2.1 O EMPREGADO DOMÉSTICO 19
2.1.1 Fim da discussão sobre empregada doméstica e diarista 24
2.1.3 Classificação Brasileira de Ocupações 26
2.2 O EMPREGADOR DOMÉSTICO 27
2.3 AS PRINCIPAIS MUDANCAS NO DIREITO DO TRABALHO ADVINDAS
DA LEI COMPLEMENTAR N. 150/2015 28

CAPÍTULO 3
DO CONTRATO DE TRABALHO DOMÉSTICO – REGRAS APLICÁVEIS

3.1 CONCEITO, CARACTERÍSTICAS E FORMA DO CONTRATO DE
TRABALHO DOMÉSTICO 30
3.2 OS DIREITOS DOS EMPREGADOS DOMÉSTICOS 33
3.2.1 Anotação na Carteira de Trabalho e Previdência Social – alterações 34
3.2.2 Salário mínimo 34
3.2.3 Irredutibilidade salarial 35
3.2.4 Intangibilidade salarial 36
3.2.5 Isonomia Salarial 36
3.2.6 Proibição de Práticas Discriminatórias 37

3.2.7 Décimo Terceiro Salário 38
3.2.8 Remuneração do Trabalho Noturno 39
3.2.9 Jornada de Trabalho e Intervalos 40
3.2.10 Acompanhamento em viagens 41
3.2.11 Remuneração do Serviço Extraordinário e Compensação de Horas 41
3.2.12 Trabalho em Regime de Tempo Parcial 43
3.2.13 Repouso Semanal Remunerado 44
3.2.14 Feriados Civis e Religiosos 44
3.2.15 Férias 45
3.2.16 Vale-Transporte 46
3.2.17 Aviso-Prévio 47
3.2.18 Relação de Emprego protegida contra Despedida Arbitrária ou Sem Justa Causa ... 48
3.2.18.1 Término do contrato de trabalho por prazo determinado 48
3.2.18.2 Término do contrato de trabalho por prazo indeterminado 49
3.2.18.3 VERBAS RESCISÓRIAS – PAGAMENTO 56
3.2.19 Fundo de Garantia do Tempo de Serviço 57
3.2.20 Seguro-Desemprego 58
3.2.21 Proibição de trabalho a menores de 18 anos 59
3.2.22 Reconhecimento das Convenções Coletivas e Acordos Coletivos de Trabalho 60
3.2.23 Redução dos Riscos inerentes ao trabalho – Adicionais de Insalubridade e Periculosidade 60
3.2.24 Integração à Previdência Social 61
3.2.25 Estabilidade gestante 61
3.2.26 Licença-Maternidade 62
3.2.27 Licença-Paternidade 63
3.2.28 Salário-Família 64
3.2.29 Auxílio-Doença 65
3.2.30 Auxílio-acidente e estabilidade acidentária 65
3.2.31 Aposentadoria 66
3.2.32 Simples Doméstico 67
3.2.33 Prescrição 67
3.2.34 Fiscalização das obrigações pelo Ministério do Trabalho e Emprego 68

CAPÍTULO 4
DO SIMPLES DOMÉSTICO

4.1 O SIMPLES DOMÉSTICO 69

4.2 E-SOCIAL – Sistema oficial virtual de cadastramento e inserção de dados 70
4.3 Recolhimento no DAE (guia única) para o empregador doméstico – data, valores e responsabilidade pelo recolhimento dos tributos 70

CAPÍTULO 5
A LIDE ENVOLVENDO O EMPREGADO E O EMPREGADOR DOMÉSTICO NA JUSTIÇA DO TRABALHO

5.1 *JUS POSTULANDI* 73
5.2 A REPRESENTAÇÃO EM AUDIÊNCIA DO EMPREGADOR DOMÉSTICO – A FIGURA DO PREPOSTO 74
5.3 EFEITOS DA AUSÊNCIA DAS PARTES EM AUDIÊNCIA: A CONFISSÃO E REVELIA 75
5.4 ÔNUS DE PROVA 76
5.5 A IMPENHORABILIDADE DO BEM DE FAMÍLIA 77

CAPÍTULO 6
A RELAÇÃO DO TRABALHO DOMÉSTICO COM A PREVIDÊNCIA SOCIAL

6.1 REDOM – Programa de Recuperação Previdenciária dos Empregados Domésticos 79
6.2 As Contribuições Previdenciárias 80
6.3 As mudanças ocorridas na Lei dos Benefícios Previdenciários 81

CAPÍTULO 7
MODELOS

7.1 Modelo de contrato de trabalho 84
7.2 Modelo de recibo de pagamento de salário 86
7.3 Modelo de recibo de pagamento de férias 86
7.4 Modelo de recibo de pagamento de vale-transporte 87
7.5 Modelo de aviso-prévio 87

REFERÊNCIAS BIBLIOGRÁFICAS 89

APRESENTAÇÃO

O presente estudo tem por objetivo demonstrar a interação existente entre os direitos dos trabalhadores com tutela prevista na CLT e os direitos dos empregados domésticos, tomando como base o longo aspecto temporal, que até então, excluía os domésticos do âmbito de proteção dos direitos fundamentais previstos na legislação trabalhista.

O estudo questiona que esse tratamento desigual se deu em virtude de vasto preconceito social e, mesmo com a edição da antiga Lei n. 5.859/72, bem como a promulgação da CLT em 1973, os empregados domésticos ainda tinham limitação de direitos, vez que foram excluídos expressamente da aplicação da Consolidação das Leis Trabalhistas.

A hipótese norteadora considera que somente com a promulgação da Constituição Federal de 1988, a primeira constituição brasileira a prever os direitos dos empregados domésticos, pautada no princípio da dignidade da pessoa humana, tal classe trabalhadora passou a garantir uma extensão de direitos mínimos.

Acreditamos que, a Lei n. 11.324/2006 foi muito importante no tocante as alterações retratadas na Lei n. 5.859/72. Porém, as discussões realizadas começaram reportar ao entendimento de que o processo de inclusão jurídica dos empregados domésticos se deu com a Emenda Constitucional n. 72/2013, atingindo o seu ápice, que foi capaz de alterar o parágrafo único do artigo 7º, da Constituição Federal, trazendo novos direitos aos empregados domésticos, muito embora alguns ainda precisassem de regulamentação infraconstitucional específica.

Em razão disso, em 1º de junho de 2015, foi promulgada a Lei Complementar n. 150, que trouxe a nova regulamentação dos direitos dos empregados domésticos, revogando a antiga lei doméstica, que será estudada de maneira a demonstrar a igual importância dos empregados domésticos em relação a todos os outros trabalhadores inseridos no mundo jurídico.

CAPÍTULO 1

CONCEITOS E EVOLUÇÃO DO EMPREGADO DOMÉSTICO NO BRASIL

Antes de adentrar nas perspectivas mudanças decorrentes da Lei Complementar n. 150/2015, é essencial enfatizar os requisitos caracterizadores do vínculo de emprego constantes dos artigos 2º e 3º da CLT; bem como a diferenciação entre o conceito geral de empregado, o de empregador rural e doméstico, e a evolução deste no Brasil.

1.1 CONCEITOS

1.1.1 Requisitos caracterizadores do vínculo empregatício

Da previsão legal dos elementos essenciais para se configurar o vínculo de emprego constantes dos artigos 2º e 3º da CLT, coexistem cinco, os quais são o objeto de proteção da legislação laboral: pessoa física, pessoalidade, não eventualidade, onerosidade e subordinação.

De fato, o empregado deve ser uma pessoa física, vez que o Direito do Trabalho tem como fito a proteção do ser humano, sendo certo, a lei excluir as pessoas jurídicas e as prestações de serviço por animais. Assim, os serviços são prestados em razão da pessoa. Entretanto, há determinadas profissões em que esse caráter tem maior relevância, como é o caso do artista.

É bem verdade que o empregado não pode ser representado por outra pessoa no desempenho de suas tarefas nem mesmo obrigado a apresentar outro que o substitua em razão das faltas ao serviço. Caso o empregador consinta na substituição, forma-se o vínculo de emprego direto com o empregado substituto.

Outro fator determinante é a onerosidade. Vale destacar que inexiste contrato de trabalho a título gratuito, assim sendo aquele em que não há encargos ou vantagens recíprocas para as partes. Desse modo, o contrato de trabalho é sempre oneroso, sendo que o empregado presta serviços em prol de uma remuneração a ser paga pelo empregador.

O contrato de trabalho é de trato sucessivo, de débito permanente, ou seja, não se exaure em uma única prestação, como ocorre, a título de exemplo, com a compra e venda. Nesse sentido, o requisito da habitualidade ou não eventualidade.

A subordinação é o estado de sujeição em que se coloca o empregado em relação ao empregador, aguardando ou executando as suas ordens. O artigo 3º da CLT destaca o termo "dependência", mas a expressão consagrada na doutrina e na jurisprudência é a subordinação.

Assim, existem várias espécies de subordinação: econômica, moral, social, técnica, direta, indireta e estrutural/organizacional. Entretanto, a subordinação exigida pelo Direito do Trabalho é a jurídica, que advém do contrato de trabalho vez que o empregado está sujeito a receber ordens, em decorrência do poder diretivo do empregador.

Por fim, a exclusividade não é requisito da relação de emprego.

1.1.2 O empregado rural

Em primeiro lugar, o artigo 7º, *b*, da CLT, estabeleceu o conceito de trabalhador rural, destacando-o como o empregado que exerce atividades diretamente relacionadas à agricultura e à pecuária, desde que tais atividades não sejam classificadas como industriais ou comerciais.

Ocorre que, com o advento da Lei n. 5.889/73, houve a regulamentação do trabalho rural, sendo o empregado rural assim definido como toda pessoa física que, em propriedade rural ou prédio rústico, presta serviços, de natureza não eventual a empregador rural, sob a dependência deste e mediante salário.

Como é notório, o empregado rural é definido pelo seu empregador e local de trabalho, que pode ser tanto pessoa física como jurídica, que explora atividade agroeconômica (agrária ou pecuária), podendo ser proprietário ou não do local subsistência onde executa o trabalho, em outras palavras, é essencial que haja objetivo de lucro na realização da atividade.

Tem-se na lei em análise a clara compreensão de que é possível que o trabalho seja realizado em propriedade rural ou prédio rústico (propriedade em que se realiza atividade agroeconômica, dentro do perímetro urbano). Assim, mesmo que o critério do local de prestação do serviço seja considerado, o empregado poderá ser classificado como rural, tanto se a prestação do serviço ocorrer em área rural como se a mesma ocorrer em área urbana.

1.1.3 O empregado doméstico

A antiga lei dos empregados domésticos, Lei n. 5.859/1972, então revogada, destacava em seu artigo 1º que empregado doméstico é aquele que presta serviços de natureza contínua e de finalidade não lucrativa à pessoa ou à família no âmbito residencial destas.

Já a Lei Complementar n. 150/2015, ampliou tal conceito, destacando que empregado doméstico é aquele que presta serviços de forma contínua, subordinada, onerosa e pessoal e de finalidade não lucrativa à pessoa ou à família, no âmbito residencial destas, por mais de 2 (dois) dias por semana.

Partindo de tais premissas, percebem-se as principais diferenças entre os empregados domésticos com os demais trabalhadores. A primeira delas é que o empregador doméstico, ao contrário do empregador regido pela CLT pode ser apenas pessoa física e/ou família, sendo relevado o caráter de confiança e intimidade.

Outro tópico importante, é que a CLT consagra que para ser empregado deve estar presente o requisitos da habitualidade e, tanto a Lei n. 5.859/72 quanto a LC n. 150/2015 reforçam a continuidade da prestação de serviços.

Tal requisito é responsável pela diferenciação entre empregados domésticos e as chamadas diaristas, que prestam serviços esporádicos. Segundo a nova lei que regulamentou o trabalho doméstico, é considerado contínuo o trabalho prestado por três vezes ou mais na semana, conforme será tratado em capítulo posterior.

Ademais, há a necessidade de o trabalho ser prestado apenas ao empregador pessoa física e/ou família, em seu âmbito da residência, assim interpretado de forma ampla, não importando que o local de prestação de serviço não seja realmente a residência do empregador.

O serviço deve ser prestado sem fins lucrativos, assim, mesmo que o empregado auxilie os serviços, dentro da residência do empregador, mas estes forem vendidos posteriormente, não estará caracterizado o vínculo de emprego doméstico, como por exemplo quando o empregador doméstico vende "marmitas" em sua residência utilizando do empregado doméstico na limpeza dos produtos ou no ato de cozinhar.

Situação interessante que pensamos não desvirtuar o contrato ocorre quando o empregador exerce atividade não lucrativa, como por exemplo doar "marmitas" a uma instituição de caridade, ainda que o empregado auxilie não descaracteriza o contrato doméstico. Da mesma forma pensamos que mantém o vínculo como doméstico na hipótese do empregador doméstico trabalhar em sua residência como "home office", ou seja, presta serviço a um empregador através do trabalho em domicílio.

Por fim, caracteriza-se a promiscuidade do contrato exigir do doméstico que ele preste serviço também no ambiente do trabalho com fins lucrativos, como por exemplo no escritório do empregador. Em tal situação prevalece o entendimento que o contrato fica descaracterizado o contrato de trabalho doméstico e aplica-se a CLT ao empregado. Para corrente contrária deve considerar a existência de dois contratos de trabalho distintos, como doméstico e urbano.

1.2 HISTÓRICO DO EMPREGADO DOMÉSTICO NO BRASIL

Objeto de forte preconceito social, o trabalho doméstico, em geral, é visto como um trabalho residual destinado àqueles que não têm melhor opção, pela falta de educação básica ou oportunidade de um melhor emprego. Desse modo, a exclusão civilizatória dos empregados domésticos, foi um dos maiores fatores para que mudanças legislativas não ocorressem por um período de tempo tão longo, impossibilitando a igualdade de direitos tutelados pela legislação trabalhista entre os domésticos e o demais trabalhadores.

Analisando-se os precedentes que embasaram e a legislação vigente ao tempo, no Brasil, mesmo após a abolição da escravatura, com a Lei Áurea em 1888, o trabalho doméstico era designado aos ex-escravos e à população mais pobre, menos instruída e inapta ao trabalho intelectual. Apesar da libertação dos escravos, o trabalho doméstico era remunerado com alimentação e moradia, tornando os empregados dependentes das famílias empregadoras.

Mais adiante, os efeitos da Revolução Industrial iniciada no século XVIII na Inglaterra repercutiram de grande monta no Brasil, momento em que as indústrias começaram a se instalar no país, modificando as condições dos empregados não-domésticos. Dessa forma, enquanto os trabalhadores das fábricas sofreram diversas consequências devido à intervenção das máquinas industriais, o mesmo não ocorreu com o trabalho doméstico.

No decorrer da história, o Estado Liberal deu lugar ao Estado Novo, com o governo de Getúlio Vargas, em 1930, o qual tinha por visão um Estado com maior controle populacional, e a forma mais efetiva de repressão às manifestações sociais era a concessão de algumas das medidas reivindicadas.

Assim, em 1º de maio de 1943, procurando satisfazer a classe trabalhadora, ainda insatisfeita com suas condições de vida, foi promulgada a Consolidação das Leis do Trabalho e criada a Justiça do Trabalho.

Não obstante a importância do artigo 7º, da CLT, para a evolução de direitos trabalhistas aos trabalhadores urbanos, a alínea "a" do referido artigo, excluiu, expressamente, os empregados domésticos de seu âmbito de aplicação:

> Art. 7º Os preceitos constantes da presente Consolidação salvo quando for em cada caso, expressamente determinado em contrário, não se aplicam: (Redação dada pelo Decreto-Lei n. 8.079, 11.10.1945)
>
> a) aos empregados domésticos, assim considerados, de um modo geral, os que prestam serviços de natureza não-econômica à pessoa ou à família, no âmbito residencial destas.

Desse modo, leis esparsas deveriam regulamentar a concessão de direitos a estes trabalhadores, bem como aos trabalhadores rurais, deveria. Houve necessidade, portanto, de progredir no enfrentamento da matéria, assim, a primeira lei limitando o poder do empregador doméstico foi publicada apenas em 1972, a Lei n. 5.859.

1.3 EVOLUÇÃO LEGISLATIVA DO EMPREGADO DOMÉSTICO NO BRASIL

A primeira regulamentação do trabalho doméstico adveio da Lei n. 5.859/1972, assim os empregados domésticos passaram a ter os seus direitos incluídos na ordem jurídica.

Singelo, esse primeiro normativo se limitou a prever apenas dois direitos trabalhistas como a anotação na Carteira de Trabalho e Previdência Social – CTPS; férias anuais remuneradas de 20 (vinte) dias úteis; e ainda o direito previdenciário, a sua filiação à Previdência Social como segurado obrigatório. Pouco depois, as Leis ns. 7.418/85 e 7.619/87, com o seu regulamento aprovado pelo Decreto n. 95.247/87, trouxeram aos domésticos também o direito ao vale-transporte.

Não houve, todavia, um avanço significativo para tais direitos, vez que como é notório, o artigo 7º, letra *a* da CLT, continuou em plena vigência. Houve necessidade, portanto, de progredir no enfrentamento da matéria.

Na sequência, novos direitos foram adquiridos apenas em outubro de 1988, com a Constituição da República Federativa do Brasil, que garantiu aos empregados domésticos um rol muito mais extenso de direitos. Mesmo assim, ainda não foi estabelecida igualdade entre os domésticos e os empregados celetistas.

Assim, o parágrafo único do artigo 7º, da CF destacou os seguintes direitos: salário mínimo; irredutibilidade do salário, salvo em acordo ou convenção coletiva de trabalho; décimo terceiro salário com base na remuneração integral ou no valor da aposentadoria; repouso semanal remunerado, preferencialmente aos domingos; gozo de férias anuais remuneradas com, pelo menos, um terço a mais que o salário normal; licença à gestante, sem prejuízo do emprego e do salário, com a duração de cento de vinte dias; licença-paternidade, nos termos fixados em lei (artigo 10, parágrafo 1º, do ADCT); aviso-prévio proporcional ao tempo de serviço, sendo no mínimo de trinta dias, nos termos da lei; aposentadoria.

Em 2006, a Lei n. 5.859/72, passou por alterações significativas advindas da Lei n. 11.324/2006, sendo importante garantia a extensão à empregada doméstica gestante a proteção contra a dispensa arbitrária ou sem justa causa desde a confirmação da gravidez até 5 (cinco) meses após o parto. Além disso, passaram a ter direito de não sofrer descontos no salário em razão do fornecimento de moradia, alimentação, vestuário ou higiene. Porém, não se incorporam à remuneração do doméstico para quaisquer efeitos, vez que não tem natureza salarial.

Ademais, artigo 3º assegurou aos empregados domésticos o direito a férias anuais remuneradas de 30 (trinta) dias, com pelo menos, 1/3 (um terço) a mais que o salário normal, após cada período de 12 (doze) meses de trabalho, prestado à mesma pessoa ou família.

Depois da CF de 1988, com mais clareza, a Emenda Constitucional n. 72/2013 alterou de forma substancial o tratamento conferido aos empregados domésticos, com uma nova redação ao parágrafo único do artigo 7º, consagrando novos direitos, embora remetendo alguns deles à regulamentação legal.

Desse modo, com a nova redação do artigo constitucional, foram garantidos aos empregados domésticos os direitos de aplicabilidade imediata, a saber: salário mínimo; garantia de salário nunca inferior ao mínimo, para os que percebem remuneração variável; proteção do salário na forma da lei; irredutibilidade do salário, salvo em acordo ou convenção coletiva de trabalho; décimo terceiro salário; remuneração do serviço extraordinário superior, no mínimo, em cinquenta por cento da hora normal; repouso semanal remunerado, preferencialmente aos domingos; gozo de férias anuais remuneradas com, pelo menos, um terço a mais que o salário normal; licença à gestante, sem prejuízo do emprego e do salário, com a duração de cento de vinte dias; licença-paternidade, nos termos fixados em lei (artigo 10, parágrafo 1º, do ADCT); aviso-prévio proporcional ao tempo de serviço, sendo no mínimo de trinta dias, nos termos da lei; aposentadoria; duração do trabalho normal não superior a oito horas diárias e 44 horas semanais, facultada a compensação de horários e a redução da jornada, mediante acordo ou convenção coletiva de trabalho; redução dos riscos inerentes ao trabalho, por meio de normas de saúde, higiene e segurança; reconhecimento das convenções e acordos coletivos de trabalho; proibição da diferença de salários, de exercício de funções e de critério de admissão por motivo de sexo, idade, cor ou estado civil; proibição de qualquer discriminação no tocante a salário e critérios de admissão do trabalhador com deficiência; proibição do trabalho noturno, perigoso ou insalubre a menores de dezoito anos.

Da previsão legal em estudo, alguns direitos dependeriam de regulamentação, a saber: Fundo de Garantia de Tempo de Serviço; remuneração do trabalho noturno superior ao diurno; relação de emprego protegida contra despedida arbitrária ou sem justa causa; seguro-desemprego, em caso de desemprego involuntário; seguro contra acidentes de trabalho, a cargo do empregador, sem excluir a indenização a que este está obrigado, quando incorrer em dolo ou culpa; salário-família pago em razão do dependente do trabalhador de baixa renda; assistência gratuita aos filhos e dependentes desde o nascimento até 5 (cinco) anos de idade em creches e pré-escolas.

Em razão disso, foi editada a Lei Complementar n. 150, de 1º de junho de 2015, trazendo a nova regulamentação dos direitos dos empregados domésticos, estabelecendo, ainda, a aplicação, leis do repouso semanal remunerado; 13º salário e vale-transporte.

Por fim, havendo lacuna na lei, as disposições da CLT podem ser aplicadas à relação de emprego doméstico, naquilo em que com esta não conflitarem.

CAPÍTULO 2

A NOVA REGULAMENTAÇÃO DO TRABALHO DOMÉSTICO: A LEI COMPLEMENTAR N. 150/2015

Em breves palavras, o presente capítulo, que se pretende informativo, intenciona integrar salutar e necessário para a compreensão da nova regulamentação do trabalho doméstico, a partir da Lei Complementar n. 150/2015 que regulamentou a Emenda Constitucional n. 72/2013. Por tal razão, faz-se necessário destacar o conceito dos sujeitos envolvidos na relação de emprego doméstico, bem como os seus requisitos caracterizadores. Ademais, destacar de forma minuciosa as principais mudanças ocorridas nos direitos, que representaram, em alguma medida, conforto aos analistas e observadores de garantias fundamentais dos empregados domésticos.

2.1 O EMPREGADO DOMÉSTICO

Empregado doméstico é a pessoa física ou natural maior de 18 anos que, presta serviços pessoais, para outra pessoa física ou família, que não explora atividade lucrativa, no âmbito residencial desta, e trabalha por mais de dois dias na semana de forma continuada, subordinada, e mediante salário, conforme artigo 1º da Lei Complementar n. 150/2015.

Em outras palavras, para o Direito do Trabalho, deve-se ter no polo ativo da prestação de serviços, uma pessoa física, natural, um ser humano. De toda sorte, a Lei Complementar n. 150/2015, deixou certo tal requisito na relação de emprego doméstico, ou seja, a pessoa natural como prestadora de serviços.

Dentro dos limites expostos, num primeiro momento, pela Convenção n. 182, de 1999, da Organização Internacional do Trabalho (OIT) e com o Decreto n. 6.481, de 12 de junho de 2008 e, atualmente com o parágrafo único do artigo 1º da LC n. 150/2015, o empregado doméstico deve ser maior de idade. Isso porque é expressamente vedado pela lei a possibilidade de contratar empregados domésticos menores de 18 anos. A Lista TIP – Lista das Piores Formas de Trabalho Infantil – destaca o emprego doméstico como uma das piores formas de trabalho infantil. Carlos Henrique Bezerra Leite, Laís Durval Leite e Letícia Durval Leite sintetizam:

> Neste caso, a proibição do trabalho doméstico ao menor de 18 anos existe justamente para proteger a sua incolumidade física, psíquica ou moral. Logo, são devidos, a título de indenização, todos os créditos trabalhistas como se fosse válido o negócio jurídico, sendo certo que o tomador do serviço não poderá alegar a própria torpeza em benéfico próprio. De toda a sorte, o juiz deverá, mandar cessar imediatamente a situação legal, ou seja, a prestação do serviço.[1]

É sabido por todos que o requisito da pessoalidade é inerente a relação de trabalho e está previsto no artigo 2º da Consolidação das Leis do Trabalho, sendo os contratos de trabalho são, em regra, *intuitu persoane*. Todavia, em casos excepcionais, por exemplo, se há uma eventual substituição consentida, poderá ocorrer a substituição do empregado doméstico. No mesmo sentido, a lei ou norma autônoma, autoriza algumas situações que o empregado pode ser substituído, como por exemplo, em caso de licença-gestante ou férias.

Como se vê do conceito acima destacado, a essência do emprego doméstico está na figura do empregador. Ao revés das demais relações de emprego, cuja despersonalização jurídica da figura do empregador é acentuada, como reflexo

---

[1] LEITE, Carlos Henrique Bezerra; LEITE, Laís Durval; LEITE, Letícia Durval. *A Nova Lei do Trabalho Doméstico* – comentários à Lei Complementar n. 150/2015. São Paulo: Saraiva, 2015. p. 34 (grifos no original).

do princípio da continuidade da relação de emprego, no emprego doméstico, é relativizada, em face da peculiaridade desse vínculo social e jurídico, ou seja, por ser sempre pessoa natural ou a família.

Com outros termos, independentemente da atividade que o empregado doméstico exerça, será doméstico se trabalhar para empregador doméstico. É bem verdade que a atividade não constitui elemento essencial para a caracterização da relação de emprego doméstico, assim, pouco importa se o trabalho é especializado, intelectual ou manual.

Seguindo esse raciocínio, desde que preenchidos os requisitos constantes no artigo 1º da Lei Complementar em análise, passam a integrar a categoria dos empregados domésticos como, por exemplo, a cozinheira, lavadeira, faxineira, babá, governanta, segurança particular, médico, professor, motorista particular, piloto de avião, caseiro, cuidador de idosos, entre outros.

Em casos tais, não se pode enquadrar como domésticos os empregados de condomínios da Lei n. 2.757/1957, como porteiros, faxineiros, zeladores, entre outros, desde que a serviço da administração do edifício e não de cada condômino em particular, não são domésticos, sendo regidos pela CLT.

Há debate doutrinário e jurisprudencial no tocante a possibilidade do reconhecimento do vínculo empregatício doméstico envolvendo cônjuges, nas relações matrimoniais formais, bem como na união estável do casal. Prevalecendo o entendimento que não é possível o vínculo, pois não há hierarquia entre os cônjuges, bem como a existência entre eles de sociedade de fato ou de direito.

Ao tratar do trabalho prestado para pessoa física ou família, a lei destaca que esta é o real empregador doméstico, sendo responsável, qualquer membro da família pela assinatura da Carteira de Trabalho e Previdência Social (CTPS) do empregado, todavia apenas um membro cumprirá tal ato. Assim, todos os membros capazes da família, que vivem na mesma unidade, que tomam os serviços do doméstico são empregadores. Reproduzindo lição de Mauricio Godinho Delgado e Gabriela Neves Delgado:

> A lei refere-se à pessoa ou à família. Contudo, evidentemente que certo grupo unitário de pessoas físicas, atuando estritamente em função de interesses individuais de consumo pessoal, pode também tomar trabalho doméstico, nos moldes da Lei n. 5.859/72. É o que se passa, por exemplo, com uma informal república estudantil e sua

faxineira/cozinheira (caso que não se confunde, por óbvio, com o pensionato, em que alguém explora a oferta ao mercado de serviços de moradia e alimentação)[2].

Analisando-se como um todo a novel disciplina legal, há necessidade de reconhecer que não há a possibilidade de ser uma empresa ou qualquer pessoa jurídica a tomadora de serviços domésticos.

Nesse sentido, um profissional liberal, por exemplo, que contratar uma faxineira para prestar serviço para seu escritório particular não será tomador do serviço doméstico; bem como os empregados em atividades industriais e aqueles em atividades beneficentes e assistenciais.

No tocante à finalidade da prestação de serviços domésticos, deve-se analisar sob a ótica do empregador, visto que a energia de trabalho despendida pelo empregado doméstico não pode ter como finalidade o lucro do empregador, sendo que o principal objetivo do trabalho em análise jamais pode ser comercial ou industrial.

Desse modo, quis o legislador destacar que o empregado doméstico é aquele que presta serviços de finalidade não lucrativa, no intuito de demonstrar se que a relação de emprego doméstico deve se limitar ao uso ou consumo dos serviços, jamais podendo produzir valor de troca.

Diante disso, cita-se o trabalhador rural, que não pode ser confundido com doméstico, aquele caseiro de uma fazenda que faz o plantio de milho ou soja, por exemplo, para o consumo próprio e da família, mas também para a comercialização em cidades próximas.

Outro exemplo seria da trabalhadora que presta serviços na residência do empregador, preparando refeições que serão comercializadas. Trata-se de empregado regido pela CLT, vez que mesmo trabalhando na residência do empregador, a sua atividade possui fim lucrativo.

Assim, a atividade não lucrativa prestada no âmbito da residência do empregador doméstico, caracteriza-se por ser necessária à manutenção de uma residência familiar, ou seja, serviços normais como alimentação, higiene, lazer, saúde e segurança.

---

(2) DELGADO, Mauricio Godinho; DELGADO, Gabriela Neves. *O Novo Manual do Trabalho Doméstico* com os comentários dos artigos da LC n. 150/2015. 2. ed. São Paulo: LTr, 2016. p. 47. (grifos no original).

No tocante ao local da prestação de serviços ser no âmbito residencial do tomador, vale destacar que o empregado doméstico pode executar seus serviços tanto na unidade familiar quanto em ambiente externo.

O traço característico marcante da relação de emprego doméstico consiste no requisito da "continuidade", prevista no artigo 1º, da antiga Lei n. 5.859/72 (antiga lei do doméstico) e mantido na nova LC n. 150/2015. Tal requisito difere da expressão "natureza não eventual" dos serviços, prevista no artigo 3º da CLT.

A intenção do legislador consistiu em estabelecer um critério temporal no artigo 1º da lei, incluindo a expressão "... por mais de 2 (dois) dias por semana", devendo-se considerar o dia inteiro, por se tratar de prazo legal, para diferenciar aquele trabalhador que presta serviços menos de 2 dias, enquadrando-se assim, como eventual e não abrangido pelas normas trabalhistas.

Havia grande debate doutrinário e jurisprudencial no tocante as expressões mencionadas. Para uma primeira corrente, que foi importantíssima para que ocorresse a distinção, foram desenvolvidos argumentos no sentido de que o artigo 3º da CLT, ao mencionar a expressão "não eventual" deixava clara a relação com a atividade empresarial. Dessa forma, a repetição do trabalho doméstico deveria ser analisada por semana, pouco importando o tempo de duração do contrato.

Para corrente contrária, destacada como teoria da descontinuidade, para se apurar o trabalho contínuo, os critérios utilizados para a caracterização do trabalho exercido com habitualidade, deveriam ser observados. Dessa forma, doméstico seria aquele empregado que trabalha de segunda a sexta durante um ano na mesma casa, bem como aquele que trabalha apenas às quintas-feiras para a mesma família durante um ano.

Em resumo, a doutrina e a jurisprudência majoritárias, antes da LC n. 150/2015, adotavam a tese de que não gerava vínculo de emprego, pela ausência de continuidade, o trabalho prestado em um só dia da semana para pessoa natural ou família no âmbito residencial desta.

No tocante a subordinação, devem ser pontuados alguns critérios característicos. O primeiro deles, é o poder disciplinar do empregador que demonstra que caso o empregado doméstico vier a cometer faltas, poderão ser aplicadas sanções; o pagamento mensal da remuneração e o controle de dias e horários da prestação de serviços.

Por fim, no que diz respeito à onerosidade, o artigo 1º da lei determina que o empregado doméstico deverá prestar seu serviço com a intenção de receber remuneração pelo empregador, sendo que, o trabalho prestado de forma gratuita e voluntária não encontra proteção na referida lei. Assim, havendo pagamento em dinheiro ou utilidades, tem-se o caráter econômico da relação jurídica.

2.1.1 Fim da discussão sobre empregada doméstica e diarista

Há de se destacar a intensa discussão que havia a respeito da diferença entre o empregado doméstico e o trabalhador eventual, conhecido como "diarista". Nessa perspectiva, a divergência era no tocante ao limite temporal, ou seja, o desafio em saber quando o trabalho doméstico passa a configurar vínculo empregatício.

A antiga norma legal, então revogada (Lei n. 5.859/72) conceituava empregado doméstico como "aquele que presta serviços de natureza contínua e de finalidade não lucrativa à pessoa ou à família no âmbito residencial destas". Todavia, omissa era na quantidade de dias de trabalho durante a semana para a configuração do vínculo de emprego doméstico.

Voltada, essencialmente, a empregados que não são domésticos, a CLT, em seu artigo 3º, destaca a exigência da não eventualidade como um dos requisitos caracterizadores do vínculo empregatício.

No caso do empregado doméstico exige-se a habitualidade na prestação de serviços, de forma contínua e sucessiva, ao longo da semana. De outro modo, diarista, aquela que presta serviços esporádicos, ou mesmo intermitentes, isto é, em poucos dias na semana. É bem certo que duas expressões não possuem exatamente o mesmo sentido.

A diarista trabalha e recebe o pagamento no mesmo dia e, geralmente, o valor é superior ao que receberia por um dia de trabalho, caso mantivesse vínculo de emprego com o tomador dos seus serviços. Assim, o Poder Judiciário:

> DOMÉSTICA. DIARISTA. VÍNCULO EMPREGATÍCIO. IMPOSSIBILIDADE. O pressuposto da continuidade a que alude expressamente o art. 1º da Lei n. 5.859/72, ao definir a figura do empregado doméstico, traz em si o significado próprio do termo, ou seja, sem interrupção. Ao não adotar a expressão celetista consagrada (natureza não-eventual), o legislador fez claramente uma opção doutrinária, firmando o conceito de trabalhador eventual doméstico em conformidade com a teoria da descontinuidade, segundo a qual eventual será o trabalhador que se vincula, do ponto de vista temporal,

de modo fracionado ao tomador, em períodos entrecortados, de curta duração, havendo, pois, segmentação na prestação de serviços ao longo do tempo. Destarte, laborando a reclamante em apenas dois (02) dias por semana, a mesma não se caracteriza como empregada doméstica, nos termos da legislação especial que rege a matéria. (TRT 15ª R. – Proc. 22232/04 (Ac. 29826/04) – 3ª T. – Relª Juíza Ana Paula Pellegrina Lockmann – DOESP 13.08.2004)

AGRAVO DE INSTRUMENTO. VÍNCULO DE EMPREGO DOMÉSTICO. TRABALHO DE DIARISTA DUAS VEZES POR SEMANA. AUSÊNCIA DE CONTINUIDADE. NÃO CARACTERIZAÇÃO. Nos termos do art. 1º da Lei 5.859/72, exige-se, para a caracterização do vínculo de emprego doméstico, a continuidade na prestação de serviços, requisito que não se evidencia no caso da diarista que trabalha na residência apenas em alguns dias da semana. Desse modo, comprovado pela prova testemunhal transcrita no acórdão regional o trabalho da Autora como diarista em dois dias da semana, inviável o reconhecimento da relação de emprego. Agravo de instrumento a que se nega provimento. (TST, 7ª T., AIRR – 1163-62.2011.5.02.0482, Rel. Min. Douglas Alencar Rodrigues, 7ª Turma, DEJT 06.02.2015)

RELAÇÃO DE EMPREGO. TRABALHADOR DOMÉSTICO. AUSÊNCIA DE CONTINUIDADE. VIOLAÇÃO LEGAL AO ART. 3º DA CLT. DISSENSO JURISPRUDENCIAL INVÁLIDO. O Tribunal Regional registra a ausência da continuidade necessária para a configuração do vínculo de emprego doméstico, indicando que a prova revela que a autora não trabalhava diariamente, sem especificar a quantidade de dias de labor, apenas consignando que o 'trabalho era desempenhado em número reduzido de dias por semana'. O recurso funda-se em violação ao art. 3º da CLT, preceptivo que não incide na espécie, considerando que a matéria se rege pelo art. 1º da Lei n. 5.859/72. Inviável o apelo por dissenso jurisprudencial, eis que os arestos transcritos não indicam o órgão prolator da decisão, como exige a Súmula n. 337/TST. Agravo de instrumento desprovido. (TST, 7ª T., AIRR – 2436-24.2012.5.02.0003, Rel. Des. Conv. Arnaldo Boson Paes, DEJT 20.03.2015)

Mas então, mesmo com os posicionamentos destacados, ainda havia controvérsia a respeito de quantos dias de trabalho seriam necessários para se poder diferenciar o empregado doméstico da "diarista".

Tal dúvida foi dissipada pela Lei Complementar n. 150/2015 que destacou em seu artigo 1º que: "empregado doméstico é aquele que presta serviços de forma contínua, subordinada, onerosa e pessoal e de finalidade não lucrativa à pessoa ou à família, no âmbito residencial destas, por mais de dois dias por semana".

A previsão legal mencionada, ao estabelecer um critério objetivo, conferiu maior segurança jurídica, evitando divergências de entendimento nos tribunais; deixando certo que para caracterizar o vínculo de emprego doméstico, a prestação de serviços deve ocorrer três ou mais dias por semana, o trabalho de forma contínua.

Conclui-se, portanto, que desse modo, não mais se confunde com o trabalho doméstico previsto na Lei Complementar n. 150/2015, vez que ausentes os requisitos da continuidade na prestação de serviços e da subordinação; a diarista, assim aquela que presta os serviços comparecendo ao trabalho, uma ou duas vezes na semana.

2.1.3 Classificação Brasileira de Ocupações

A Classificação Brasileira de Ocupações (CBO) é um documento que retrata a realidade das profissões do mercado de trabalho brasileiro. Acompanhando o dinamismo das ocupações, a tem por filosofia sua atualização constante de forma a expor, com a maior fidelidade possível, as diversas atividades profissionais existentes em todo o país, sem diferenciação entre as profissões regulamentadas e as de livre exercício profissional.

Assim, título de informação e interpretação, será destacada a Classificação Brasileira de Ocupações – CBO do doméstico, que depende da função que ele desempenha. Abaixo, são conferidas as principais categorias de cargos de empregados domésticos e seu respectivo número na CBO.

5121-05 – Empregado doméstico nos serviços gerais – Caseiro;

5121-10 – Empregado doméstico arrumador;

5121-15 – Empregado doméstico faxineiro;

5162-05 – Babá, cuidadora de bebês e crianças;

5162-10 – Cuidador ou acompanhante de idosos e dependentes no âmbito domiciliar.

O preenchimento deste campo na carteira de trabalho é obrigatório, constando claramente qual função do empregado doméstico, ou seja, ao registrar um empregado doméstico deve constar em qual atividade específica se enquadra.

2.2 O EMPREGADOR DOMÉSTICO

Antes de adentrar diretamente ao cerne proposto, faz-se destacar que, como regra, o requisito da pessoalidade, inerente para caracterizar o vínculo de emprego (artigo 2º da CLT), advém da figura do empregado, ante o princípio da despersonalização da figura do empregador, que deixa certo que como o empregado se vincula à empresa, independe de quem é a pessoa do empregador, o efetivo titular da empresa.

Assim, é certo que empregador doméstico é a pessoa física e/ou família que contrata trabalhador doméstico para prestar serviços em seu âmbito residencial de forma a não explorar atividade econômico-lucrativa.

A simples leitura do conceito acima transcrito nos confere a exata compreensão de que a pessoa jurídica ou ente equiparado não poderá ser empregador doméstico, nesse contexto, em sentido contrário, por exclusão, a CLT em seu artigo 2º e parágrafos. Desse modo, cita-se alguns exemplos como: o empresário, as sociedades empresária, coletiva e irregular; bem como a empresa individual de responsabilidade limitada. Não há que se confundir, portanto, a situação da cozinheira de uma fábrica.

Embora a lei em análise destaque a prestação de serviços à pessoa ou família, a doutrina e a jurisprudência amplamente majoritárias admitem a contratação de doméstico por um determinado grupo unitário de pessoas físicas, cujo exemplo é o da república de estudantes, desde que a energia de trabalho seja meramente consumida pelo grupo, sem qualquer finalidade lucrativa. Neste caso, os moradores da república estudantil serão solidariamente responsáveis como empregadores pelo cumprimento das obrigações decorrentes da relação de trabalho doméstico com empregadores domésticos.

Ainda no conceito destacado, a finalidade do trabalho doméstico jamais poderá ter o intuito de lucro. Assim, a título de exemplo, caso o empregado seja contratado para cuidar da jardinagem da casa de seu empregador e as flores de plantio comecem a ser comercializadas para uma floricultura, o trabalho doméstico estará descaracterizado e formará imediatamente o vínculo de emprego regido pela CLT.

Nesse mesmo sentido, cabe destacar que no exemplo acima, na hipótese de república ter finalidade lucrativa, como por exemplo na realização de festas para os estudantes, resta descaracterizado o vínculo como doméstico.

Por fim, uma obrigação conferida ao empregador para a garantia de uma relação de emprego justa e equânime, que é a anotação da Carteira de Trabalho do empregado, devolvendo-a, devidamente assinada, no prazo de 48 horas.

2.3 AS PRINCIPAIS MUDANÇAS NO DIREITO DO TRABALHO ADVINDAS DA LEI COMPLEMENTAR N. 150/2015

Aos poucos, os empregados domésticos foram conquistando os seus direitos, até a edição da Lei Complementar n. 150/2015, o que por certo trata os empregados com equidade e isonomia. Esta possui regras diferentes das previstas na CLT e, por se tratar de lei especial, revoga a geral. Destacamos os novos direitos dos empregados domésticos.

Por meio da nova lei doméstica, aos domésticos foi mantida a jornada de trabalho de 8 horas diárias e 44 semanais e, a inovação trazida foi jornada 12x36, mediante acordo escrito.

O trabalho noturno do doméstico será entre às 22 horas e às 5 horas da manhã, a hora noturna será reduzida de 52'30" e acrescida do adicional de 20%, assim o adicional noturno, também foi estendido e regulamentado com o advento da Lei Complementar n. 150 de 2015.

Foi garantido o intervalo interjornada de 11 horas e o intrajornada é de no mínimo 1 hora e máximo 2 horas, podendo ser reduzido para 30 minutos, desde que haja acordo prévio entre empregador e empregado; sendo que, caso o empregado resida no local de trabalho, o período de descanso poderá ser desmembrado em 2 períodos, porém estes não poderão ser inferiores a 1 hora até o limite de 4 horas dia.

Cabe ressaltar que antes da alteração, conforme já mencionado, o empregado doméstico não gozava do direito ao limite de jornada, intervalos e trabalho noturno, portanto a pretensão nesse sentido era improcedente em razão da falta de previsão legal, cabia a parte postular indenização por danos morais em face da jornada exaustiva para conseguir êxito no processo.

A lei, logo no artigo 1º quando trata do conceito de empregado doméstico, veda a contratação de empregados domésticos menores de 18 anos, limitando assim, a idade de contratação.

Importante destaque foi a possibilidade de o empregado acompanhar o empregador prestando serviços em viagem, sendo a remuneração-hora do serviço em viagem no mínimo, 25% superior ao valor do salário-hora normal, não configurando o percentual como hora extra.

Nesse sentido, o empregador doméstico deve controlar o horário de trabalho do empregado, por meio do cartão de ponto, que não pode ser britânico, conforme prevê a Súmula 338 do TST.

A lei em estudo destaca a possibilidade de contratação de empregado doméstico para trabalhar em regime de tempo parcial, com salário proporcional a sua jornada, em relação ao empregado que cumpre, nas mesmas funções em tempo integral.

O repouso semanal remunerado do empregado doméstico deve ocorrer preferencialmente aos domingos, e a lei deixa certo que não devem trabalhar em feriados.

Com a nova lei, o empregado doméstico pode ser contratado mediante contrato de experiência e para atender necessidades familiares de natureza transitória e para substituição temporária de empregado doméstico com contrato de trabalho interrompido ou suspenso.

No tocante às férias, antes mesmo da EC n. 72/2013 o empregado doméstico já fazia jus a 30 dias de férias após laborar 12 meses, podendo também ser convertidas em abono pecuniário. Uma novidade foi a possibilidade do empregado doméstico permanecer durante as férias no local de trabalho.

Quanto ao desconto no salário do empregado, foi mantido da lei antiga, assim vedado ao empregador doméstico efetuar descontos no salário do empregado por fornecimento de alimentação, vestuário, higiene ou moradia, bem como por despesas com transporte, hospedagem e alimentação em caso de acompanhamento em viagem.

Poderá o empregador descontar do salário do empregado quando houver adiantamento salarial e em caso o local diverso da reempregado resida em local diverso de onde será prestado o serviço, através de acordo por escrito.

Com o advento da LC n. 150/2015 o FGTS e o Seguro Desemprego passaram a ser obrigatórios. Outros benefícios concedidos e mantidos foram o auxílio transporte; aviso-prévio que será pago proporcionalmente ao tempo trabalhador; licença-maternidade; salário-família e auxílio acidente.

Por fim, nova Lei, além de regulamentar os direitos dos empregados domésticos, criou o Simples Doméstico, que irá servir para simplificar o cumprimento das obrigações dos empregadores domésticos.

CAPÍTULO 3

DO CONTRATO DE TRABALHO DOMÉSTICO REGRAS APLICÁVEIS

3.1 CONCEITO, CARACTERÍSTICAS E FORMA DO CONTRATO DE TRABALHO DOMÉSTICO

Em razão da omissão legislativa do conceito de contrato de trabalho doméstico, Carlos Henrique Bezerra Leite, Laís Durval Leite e Letícia Durval Leite destacam que:

> A LC n. 150/2015 não definiu o contrato de trabalho doméstico, razão pela qual de forma simples o conceituamos como o negócio jurídico, tácito ou expresso, por tempo determinado ou indeterminado, que estabelece um conjunto de direitos e deveres para o trabalhador doméstico e para o empregador doméstico[3].

---

(3) LEITE, Carlos Henrique Bezerra; LEITE, Laís Durval; LEITE, Letícia Durval. *A Nova Lei do Trabalho Doméstico* – comentários à Lei Complementar n. 150/2015. São Paulo: Saraiva, 2015. p. 61 (grifos no original).

Vê-se, portanto, o destaque das principais características do contrato em estudo. Assim, é bilateral em razão de prestações recíprocas das partes; comutativo porque há equivalência nas prestações na medida em que o doméstico trabalha e o empregador paga o seu salário; de adesão, pois o empregado adere as exigências do empregador; consensual por ocorrer por mera liberalidade das partes; não solene por não exigir uma forma especial; oneroso, vez que não pode ser celebrado a título gratuito; de trato sucessivo, de débito permanente, vez que vigora o princípio da continuidade da relação de emprego e as obrigações se renovam com o tempo.

Regra geral, o contrato do empregado doméstico não requer forma especial, podendo assim, ser verbal ou escrito.

Entretanto, há direitos e obrigações em que a LC n. 150/2015 destaca expressamente a obrigatoriedade de ser celebrado acordo escrito entre as partes, dentre elas, o acompanhamento do empregador pelo empregado em viagem, que tem previsão no artigo 11, § 1º; sendo uma das importantes inovações trazidas pela lei.

Além do mais, as anotações feitas na CTPS do empregado consistem no meio de prova mais hábil do contrato de trabalho doméstico, em razão da dificuldade da prova, ainda que a Súmula 12 do TST considera a anotação mera presunção relativa.

Nesse ponto, ante a leitura do artigo 444 da CLT cuja aplicação se dá de forma subsidiária ao tema em estudo (art. 19 da LC. n. 150/2015), empregado e empregador doméstico deverão respeitar um conteúdo mínimo ao celebrarem o contrato. Desse modo, deverão ser observados, além da nova lei doméstica, a Constituição Federal, a CLT e outras normas que protegem o empregado doméstico.

Nessa linha de raciocínio, regra geral, a duração de todo contrato de trabalho é por prazo indeterminado, ante a proteção do princípio da continuidade da relação de emprego. Porém há casos em que há a predeterminação do prazo e, tais abrangem, outrossim, o contrato de trabalho doméstico que é situação nova trazida na LC n. 150/2015.

Ao se analisar a LC n. 150/2015, o artigo 4º deixou certa a facultatividade do empregador na contratação do doméstico por prazo determinado, assim dispondo:

Art. 4º É facultada a contratação, por prazo determinado, do empregado doméstico:

I – mediante contrato de experiência;

II – para atender necessidades familiares de natureza transitória e para substituição temporária de empregado doméstico com contrato de trabalho interrompido ou suspenso.

Parágrafo único. No caso do inciso II deste artigo, a duração do contrato de trabalho é limitada ao término do evento que motivou a contratação, obedecido o limite máximo de 2 (dois) anos.

No tocante a primeira hipótese a Lei Complementar em análise merece elogios, pois o contrato de experiência no âmbito doméstico sempre gerou divergência, prevalecendo o entendimento anterior a nova lei pelo cabimento em razão de fidúcia existente. Crítica defendia que a exclusão dos domésticos da CLT afastava o direito ao contrato de experiência.

Para a segunda hipótese é cabível citar como exemplo a contratação por prazo determinado para substituição da empregada doméstica efetiva da residência em gozo de licença-maternidade, ou ainda, para atender uma necessidade transitória da família como por exemplo uma babá apenas o período de viagem dos pais.

Ademais, com relação às regras dispostas na segunda situação de contrato de trabalho doméstico por prazo determinado, o legislador adaptou regras do contrato de trabalho temporário (Lei n. 6019/1974) adaptando-as para o empregado doméstico.

Oportuno ressaltar que, nos contratos que tenham termo estipulado, o empregador que, sem justa causa, despedir o empregado é obrigado a pagar-lhe, a título de indenização, metade da remuneração a que teria direito até o termo do contrato.

Além do mais, o empregado não poderá se desligar do contrato sem justa causa, sob pena de ser obrigado a indenizar o empregador dos prejuízos que desse fato lhe resultarem. A indenização não poderá exceder aquela a que teria direito o empregado em idênticas condições. Nessas hipóteses não será exigido aviso-prévio.

Porém, empregado e empregador têm a prerrogativa de inserir no contrato de trabalho, ainda que seja por prazo determinado, uma cláusula que assegure a qualquer deles o direito de rescindir o contrato a termo. Esta é a cláusula assecuratória de rescisão antecipada. Assim, ocorrendo a rescisão, não se paga a indenização de metade dos dias faltantes, mas somente o aviso-prévio como se o contrato fosse por prazo indeterminado, bem como as demais verbas rescisórias.

Ante as modalidades destacadas, com relação ao prazo do contrato de experiência, não poderá ser excedente a 90 dias e poderá ser prorrogado 1 vez, desde que a soma dos 2 períodos não ultrapasse 90 dias.

Na hipótese de haver continuidade do serviço, assim sendo, quando não houver a prorrogação após o decurso de seu prazo previamente estabelecido ou que ultrapassar o período de 90 dias passará a vigorar como contrato de trabalho por prazo indeterminado.

A nova lei também não exigiu a formalidade para o contrato a prazo, em especial o de experiência, entretanto é aconselhável a anotação dessa condição ao menos na CTPS, para facilitar a prova, tendo em vista que a regra é prazo indeterminado.

3.2 OS DIREITOS DOS EMPREGADOS DOMÉSTICOS

Com o advento da EC n. 72/2013, os direitos dos empregados domésticos sofreram significativas alterações, vez que teve como objetivo ampliar o rol constante do parágrafo único do artigo 7º da Constituição Federal. Muito embora alguns direitos fossem objeto de aplicação imediata, outros dependiam de regulamentação infraconstitucional específica. Foi então que, diante da forte pressão social, em 2015, a Lei Complementar n. 150, trouxe uma nova roupagem aos direitos dessa classe trabalhista, revogando a Lei n. 5.859, mantendo alguns e regulamentando outros direitos, bem como alterando leis previdenciárias.

Estabeleceu ainda, a aplicação, das Leis n. 605, de 1949 (repouso semanal remunerado); n. 4.090, de 1962, e n. 4.749, de 1965 (ambas sobre 13º salário), e n. 7.418, de 1985 (vale transporte), observadas as peculiaridades do trabalho doméstico, e, também, a aplicação subsidiária da CLT, sempre que houver lacuna na lei, naquilo em que com esta não conflitarem. Por tal razão, capítulo este será propício ao estudo dos direitos dos empregados domésticos com a nova Lei Complementar Doméstica n. 150 de 2015.

3.2.1 Anotação na Carteira de Trabalho e Previdência Social – alterações

A Lei n. 5.859 garantia aos empregados domésticos o direito a anotação na Carteira de Trabalho e Previdência Social, com o fim de possibilitar a prestação de serviços, mas, omissa era no tocante à fixação do prazo para a sua assinatura.

Ao revés, o artigo 9º da LC n. 150/2015 especificou o prazo de 48 horas para o registro do contrato de trabalho doméstico, após a sua entrega ao empregador, quando da sua admissão, assim como ocorre com os demais empregados regidos pela CLT.

As anotações feitas dizem respeito à data de admissão, a remuneração e condições especiais, se houver, a exemplo da eventual contratação por prazo determinado (artigo 4º da LC n. 150/2015) e, conforme Súmula 12 do TST, tais anotações terão presunção relativa, ante o reflexo do princípio da primazia da realidade. Nesse contexto, a data de admissão a ser anotada corresponde a do primeiro dia de trabalho, mesmo em contrato de experiência.

Ainda com relação à CTPS, tem-se, assim, que é proibido ao empregador fazer constar da CTPS do empregado qualquer anotação desabonadora de sua conduta, constituindo crime de falsidade, previsto no artigo 299, do Código Penal, proceder a quaisquer anotações não verdadeiras na Carteira de Trabalho e Previdência Social.

3.2.2 Salário mínimo

No tocante ao tema, oportuno frisar que salário consiste no conjunto de prestações pagas diretamente pelo empregador e não por terceiros, em decorrência do contrato de trabalho.

O salário mínimo foi criado pelo governo de Getúlio Vargas por meio do Decreto-Lei 2.162/40. Atualmente, tem previsão constitucional de garantia fundamental, garantido aos trabalhadores urbanos, rurais e domésticos (artigo 7º, IV):

> Art. 7º São direitos dos trabalhadores urbanos e rurais, além de outros que visem à melhoria de sua condição social:

(...)

IV – salário mínimo, fixado em lei, nacionalmente unificado, capaz de atender à suas necessidades vitais básicas e às de sua família com moradia, alimentação, educação, saúde, lazer, vestuário, higiene, transporte e previdência social, com reajustes periódicos que lhe preservem o poder aquisitivo, sendo vedada sua vinculação para qualquer fim;

Apesar das desigualdades ocorrentes, o legislador teve como objetivo a igualdade do salário para que atenda as necessidades vitais básicas do trabalhador, bem como de sua família.

Vale destacar que a regra geral é que nenhum trabalhador pode receber menos do que um salário mínimo, todavia, tal regra é cabível quando fixado para coibir a jornada de 8 horas diárias.

Nesse sentido, sendo a jornada de trabalho reduzida, fruto da lei, é bem verdade que o trabalhador receberá o salário mínimo de forma proporcional nesse sentido, a OJ 358 da SDI-1/TST, inclusive com nova redação.

Nesse sentido, a jurisprudência:

> EMPREGADA DOMÉSTICA. JORNADA REDUZIDA. SALÁRIO MÍNIMO. PAGAMENTO PROPORCIONAL. OJ 358 DA SDI-1/TST. Sendo a jornada da empregada inferior àquela prevista no art. 7º, XIII, da CF/88, é lícito o pagamento do salário mínimo proporcional ao horário trabalhado, sem que tal fato importe em violação ao inciso IV do mesmo dispositivo constitucional, especialmente após a Emenda Constitucional n. 72, de 02 de abril de 2013, que estendeu ao trabalhador doméstico o direito à limitação da jornada de trabalho. Aplicação da OJ 358 da SDI-1/TST. TRT-3 – RECURSO ORDINARIO TRABALHISTA RO 01994201206303000 0001994-45.2012.5.03.0063 (TRT-3) – Data de publicação: 22/07/2013

3.2.3 Irredutibilidade salarial

Oportuno frisar, que é vedada a redução do salário dos empregados domésticos. Nesse sentido, o princípio da irredutibilidade salarial é consagrado no artigo 7º, IV da Constituição Federal de 198, que só permite o arbitramento por convenção ou acordo coletivo.

Entretanto, não se trata de princípio absoluto, uma vez que a Constituição Federal autoriza a redução do salário mediante negociação coletiva, nos termos do artigo 7º, VI.

3.2.4 Intangibilidade salarial

O artigo 18, *caput*, da LC n. 150/2015 veda expressamente o desconto nas hipóteses de o empregador fornecer alimentação, vestuário, higiene ou moradia, bem como por despesas com transporte, hospedagem e alimentação em caso de acompanhamento em viagem.

Nesse sentido, o princípio da intangibilidade salarial. Tal direito foi repetido da lei antiga, pois tudo já estava na Lei n. 5.859/72, não tendo natureza salarial nem se incorporando à remuneração para quaisquer efeitos.

Todavia, há hipóteses previstas na lei em destaque em que é lícito o desconto no salário do empregado doméstico. Cabe citar a hipótese de adiantamento do salário, bem como quando as partes celebrarem acordo escrito para a inclusão do empregado em planos de assistência médico-hospitalar e odontológica, de seguro e de previdência privada, com a objeção da dedução não ultrapassar 20% do salário.

Ademais, as despesas com moradia poderão ser descontadas, quando se tratar de local diverso da residência em que ocorrer a prestação de serviço, desde que haja acordo expresso entre empregado e empregador doméstico.

Logo para a moradia em que presta serviço o empregador não pode efetuar qualquer desconto.

3.2.5 Isonomia Salarial

Sendo idêntica a função, a todo trabalho de igual valor, prestado ao mesmo empregador, na mesma localidade, corresponderá igual salário, sem distinção de sexo, nacionalidade ou idade. Trata-se da isonomia salarial.

O artigo 461 da CLT deve ser observado nas relações de trabalho doméstico em razão da garantia desse direito. Nesse sentido o artigo 19 da LC n.150/15 que autoriza aplicação da norma celetista, bem como o direito fundamental a igualdade.

> Art. 461 – Sendo idêntica a função, a todo trabalho de igual valor, prestado ao mesmo empregador, na mesma localidade, corresponderá igual salário, sem distinção de sexo, nacionalidade ou idade. (Redação dada pela Lei n. 1.723, de 8.11.1952)

§ 1º – Trabalho de igual valor, para os fins deste Capítulo, será o que for feito com igual produtividade e com a mesma perfeição técnica, entre pessoas cuja diferença de tempo de serviço não for superior a 2 (dois) anos. (Redação dada pela Lei n. 1.723, de 8.11.1952)

§ 2º – Os dispositivos deste artigo não prevalecerão quando o empregador tiver pessoal organizado em quadro de carreira, hipótese em que as promoções deverão obedecer aos critérios de antiguidade e merecimento. (Redação dada pela Lei n. 1.723, de 8.11.1952)

§ 3º – No caso do parágrafo anterior, as promoções deverão ser feitas alternadamente por merecimento e por antinguidade, dentro de cada categoria profissional. (Incluído pela Lei n. 1.723, de 8.11.1952)

§ 4º – O trabalhador readaptado em nova função por motivo de deficiência física ou mental atestada pelo órgão competente da Previdência Social não servirá de paradigma para fins de equiparação salarial. (Incluído pela Lei n. 5.798, de 31.8.1972)

3.2.6 Proibição de Práticas Discriminatórias

Assim como no ambiente de trabalhadores urbanos e rurais, no ambiente de trabalho doméstico podem existir diversas circunstâncias ou falsas razões que podem causar discriminação.

Em outras palavras, é garantido ao empregado doméstico o direito a proibição de práticas discriminatórias e, algumas delas serão abordadas de maneira breve.

A primeira a ser destacada é a prática de racismo. Mesmo embora a Constituição em seu art. 5º, XLI e XLII, destaque que constitui crime inafiançável à prática de racismo, ainda hoje negros têm o acesso dificultado ao trabalho, reflexo são que os salários pagos são inferiores ao pagos aos seus colegas, com a mesma qualificação e ainda os negros costumam ser preteridos nas promoções no emprego.

Vale destacar que a mais comum forma de discriminação em relação ao sexo é a discriminação contra a mulher, mas pode sim, o homem ser discriminado por ser homem dentro de uma relação de emprego ou trabalho, aduz a CLT quanto ao tema em seu art. 5º que "a todo trabalho de igual valor corresponderá salário igual, sem distinção de sexo".

Destaca-se ainda a discriminação por deficiência física e na hipótese de empregado ser portador de moléstia alarmante. A Constituição Federal em seu art. 7º, XXXI, assegura a proibição de qualquer discriminação no tocante a salário e critérios de admissão do trabalhador portador de deficiência, o que não é suficiente para garantir ao portador de necessidades especiais tenha realmente a proteção contra discriminação. Nesse sentido vale destacar a Súmula 443 do TST:

> SÚMULA 443 DO TST – DISPENSA DISCRIMINATÓRIA. PRESUNÇÃO. EMPREGADO PORTADOR DE DOENÇA GRAVE. ESTIGMA OU PRECONCEITO. DIREITO À REINTEGRAÇÃO – Res. 185/2012, DEJT divulgado em 25, 26 e 27.09.2012. Presume-se discriminatória a despedida de empregado portador do vírus HIV ou de outra doença grave que suscite estigma ou preconceito. Inválido o ato, o empregado tem direito à reintegração no emprego.

Interessante destacar a análise da discriminação pela regionalidade. É sabido que, no início da história, diversos trabalhadores migraram para as grandes cidades em busca de um emprego. Dentre eles, vários acabaram se tornando domésticos.

O Brasil é um país com muitas diferenças culturais e econômicas entre suas regiões As diferenças culturais, entre elas o sotaque dos migrantes, são muitas vezes causas de brincadeiras e piadas, o que dependendo da intensidade pode sim, gerar uma situação de discriminação.

Temos então que as características sociais e culturais desses estados ou regiões são distorcidas e exageradas, e em determinadas situações elas extrapolam os limites do bom humor, e passam a dar causa à discriminação na relação de trabalho, gerando a possibilidade da rescisão indireta, bem como indenização por dano moral.

3.2.7 Décimo Terceiro Salário

No que diz respeito ao décimo terceiro salário, o artigo 19 da LC n. 150 determina a aplicação direta da Lei n. 4.090/62 com relação ao décimo terceiro salário. Nesse mesmo sentido, deve-se observar a Lei n. 4.749/65 (regulamentada pelo Decreto n. 57.155/65) que regulamenta o tema. Assim, independentemente da remuneração que fizer jus, a todo empregado será paga, pelo empregador, uma gratificação salarial, no mês de dezembro de cada ano.

Nesse ponto, esta gratificação é concedida anualmente, em duas parcelas, sendo a primeira, entre os meses de fevereiro e novembro, no valor correspondente à metade do salário do mês anterior, e a segunda, até o dia 20 de dezembro, no valor da remuneração de dezembro, descontado o adiantamento feito.

De qualquer modo, caso queira o empregado receber o adiantamento, por ocasião das férias, deverá requerer no mês de janeiro do ano correspondente.

Destarte, o artigo 3º da Lei n. 4.749/65 determina que se o contrato for extinto antes do pagamento do décimo terceiro salário, poderá o empregador compensar o adiantamento mencionado com a gratificação devida nos termos do artigo 3º da Lei n. 4.090/62, e, se não bastar, com outro crédito de natureza trabalhista que possua o respectivo empregado.

3.2.8 Remuneração do Trabalho Noturno

O trabalho noturno dos empregados domésticos foi direito garantido com a EC n. 72/13; todavia, ainda dependia de regulamentação e, a LC n. 150/2015 resolveu tal questão.

Desse modo, determina a lei doméstica a partir de seu artigo 14 e parágrafos que será considerado trabalho noturno aquele executado entre as 22 horas de um dia e as 5 horas do dia seguinte, considerando que a duração da hora de trabalho noturno será de 52 minutos e 30 segundos.

Nesse ponto, não há diferença entre o horário noturno dos empregados urbanos e rurais com os domésticos.

No tocante a remuneração deste, deve-se ter o acréscimo de, no mínimo 20% sobre o valor da hora diurna.

Logo, ao exigir o trabalho doméstico no período mencionado, como por exemplo uma babá acordar para ver a criança, um cuidador ou ainda solicitar para fazer um café, a hora trabalhada deve ser paga com adicional noturno, bem como observar a redução ficta.

Na mesma linha de raciocínio, a lei deixa claro que caso o empregador contrate empregado para laborar exclusivamente no horário noturno, o acréscimo será calculado sobre o salário anotado na Carteira de Trabalho e Previdência Social.

Ademais, aplicam-se as mesmas regras nas contratações de trabalho doméstico em horários que abrangem períodos diurnos e noturnos, assim aqueles denominados horários mistos.

Por fim, também será aplicada ao doméstico a regra da Súmula 60 do TST no tocante a hora extra no horário noturno.

3.2.9 Jornada de Trabalho e Intervalos

A partir da previsão legal da EC n. 72/2013, assim ratificada pela LC n. 150/2015 em seu artigo 2º, a duração normal do trabalho doméstico não excederá 8 horas diárias e 44 semanais. Nesse passo, a lei obriga o registro do horário e trabalho do empregado doméstico, por qualquer meio manual, mecânico ou eletrônico, desde que idôneo.

Nesta nova assentada, considerando que a jornada normal de trabalho doméstico é de 8 horas diárias, a lei garante a obrigatoriedade do empregador doméstico de conceder ao empregado o intervalo para repouso ou alimentação pelo período de, no mínimo, 1 hora e, no máximo, 2 horas. Caso haja acordo escrito entre as partes, o intervalo intrajornada poderá ser reduzido de 30 minutos.

Oportuno ressaltar crítica à redução do intervalo autorizado por mera vontade das partes, tendo em vista que é um direito relacionado a saúde, matéria de ordem pública que busca evitar a fadiga capaz de gerar doença ou acidente do trabalho. Nesse sentido o texto da Súmula 437 do TST ao tratar da da natureza do intervalo.

Há que se lembrar ainda que prevê a hipótese de desmembramento do intervalo intrajornada em dois períodos quando o empregado residir no local de trabalho, desde que cada um deles tenha, no mínimo, 1 hora, até o limite de 4 horas ao dia. Nesse caso, é obrigatória a sua anotação no registro diário de horário, vedada sua preanotação.

Tais intervalos em que, o empregado que mora no local de trabalho nele permaneça, não serão computados como horário e trabalho.

É garantido ainda ao empregador doméstico o intervalo interjornada de no mínimo 11 horas consecutivas para descanso entre duas jornadas de trabalho.

Outro tópico importante, ainda sobre a jornada de trabalho, e inovador trazido pela LC n. 150/2015, foi a jornada de trabalho de 12x36 ininterruptas de descanso, mediante acordo escrito, em comparação ao empregado urbano e rural diferencia-se pelo fato destes exigirem acordo ou convenção coletiva de trabalho.

A remuneração mensal pactuada pelo horário abrange os pagamentos devidos pelo descanso semanal remunerado e pelo descanso em feriados, e serão considerados compensados os feriados e as prorrogações de trabalho noturno, quando houver, de que tratam o art. 70 e o § 5º do art. 73 da CLT.

Conforme mencionado, a anotação de horário é obrigatória, independente da quantidade de empregados, tendo em vista a necessidade de facilitar a produção de prova que no âmbito doméstico é sempre difícil, em razão da falta de prova testemunhal.

3.2.10 Acompanhamento em viagens

Mais uma novidade destacada pela Lei Complementar n. 150/2015, foi a regulamentação do horário do empregado doméstico que acompanha o empregador em viagens e, a título de exemplo, cita-se a babá que acompanha a família para garantir o cuidado das crianças. Deverá ter acordo escrito entre as partes.

Nesse sentido, o artigo 11 da lei deixa certo que nesse caso serão consideradas apenas as horas efetivamente trabalhadas no período, podendo ser compensadas as horas extraordinárias em outro dia. Ainda assim, deverá o empregador observar a duração normal do trabalho doméstico, que não pode exceder a 8 horas diárias e 44 semanais.

Dentro desse contexto, a remuneração-hora do serviço em viagem será, no mínimo, 25% superior ao valor do salário-hora normal e, mediante acordo, poderá ser convertido em acréscimo no banco de horas, a ser utilizado a critério do empregado.

Por fim, crítica a conversão mencionada é a falta de parâmetro na lei, como por exemplo, quanto tempo vai ser acrescido no banco de horas em razão do pagamento do adicional.

3.2.11 Remuneração do Serviço Extraordinário e Compensação de Horas

Todo período de trabalho que exceder 8 horas diárias deve ser remunerado com hora extra, cujo adicional é de 50% sobre o valor da hora normal. Assim, a remuneração do serviço extraordinário é garantida da LC n. 150 por força do seu artigo 4º e parágrafos.

Dispõe a LC n. 150/2015 que no caso de empregado mensalista o salário-hora normal, será obtido dividindo-se o salário mensal por 220 (duzentas e vinte) horas, salvo se o contrato estipular jornada mensal inferior que resulte em divisor diverso e o salário-dia normal será obtido dividindo-se o salário mensal por 30 (trinta) e servirá de base para pagamento do repouso remunerado e dos feriados trabalhados.

Inova a lei em estudo ao possibilitar o regime de compensação de horas. Os § 4º e 5º do artigo 4º destacam que empregado e empregador poderão dispensar o acréscimo de salário mediante acordo escrito, caso o excesso de horas de um dia for compensado em outro dia.

Assevera ainda sobre o assunto que (§ 4º do artigo 4º, da LC n. 150/2015):

I – será devido o pagamento, como horas extraordinárias com adicional de 50% das primeiras 40 (quarenta) horas mensais excedentes ao horário normal de trabalho;

II – das 40 (quarenta) horas referidas no inciso I, poderão ser deduzidas, sem o correspondente pagamento, as horas não trabalhadas, em função de redução do horário normal de trabalho ou de dia útil não trabalhado, durante o mês;

III – o saldo de horas que excederem as 40 (quarenta) primeiras horas mensais de que trata o inciso I, com a dedução prevista no inciso II, quando for o caso, será compensado no período máximo de 1 (um) ano.

Logo para as primeiras 40 horas extras mensais existe a opção de pagar com adicional de 50% ou compensar dentro do próprio mês, já para as horas extras acima de 40 horas mensais se não quitadas ou compensadas dentro do próprio mês a compensação será no período máximo de um ano.

Como destaque ainda do regime de compensação de horas, caso ocorra a rescisão do contrato de trabalho sem que tenha havido a compensação integral da jornada extraordinária, na forma do § 5º, o empregado fará jus ao pagamento das horas extras não compensadas, calculadas sobre o valor da remuneração na data de rescisão.

Por fim, o artigo 2º, § 8º prevê que o trabalho não compensado prestado em domingos e feriados deve ser pago em dobro, sem prejuízo da remuneração relativa ao repouso semanal. Trata-se da indenização pelo não respeito ao DSR ou feriados.

3.2.12 Trabalho em Regime de Tempo Parcial

Ponto importante do artigo 3º da Lei Complementar n. 150/2015 é a possibilidade de contratação de empregado doméstico para laborar em tempo de regime parcial, ou seja, quando a duração não exceda 25 horas semanais.

Neste diapasão, o salário a ser pago ao empregado sob regime de tempo parcial deverá ser proporcional à sua jornada, em relação ao empregado que cumpre, nas mesmas funções, tempo integral.

A Lei Complementar Doméstica determina que a duração normal do trabalho do empregado em regime de tempo parcial poderá ser acrescida de horas suplementares, em número não excedente a 1 hora diária, mediante acordo escrito entre empregador e empregado, com o limite máximo de 6 horas diárias.

Cabe ressaltar essa grande diferença para o urbano, pois a CLT ao tratar do regime parcial veda expressamente o trabalho extraordinário conforme leitura do artigo 59, parágrafo quarto, do Texto Celetista.

Por fim, o § 3º prevê que modalidade do regime de tempo parcial, após cada período de 12 (doze) meses de vigência do contrato de trabalho, o empregado terá direito a férias, na seguinte proporção:

I – 18 (dezoito) dias, para a duração do trabalho semanal superior a 22 (vinte e duas) horas, até 25 (vinte e cinco) horas;

II – 16 (dezesseis) dias, para a duração do trabalho semanal superior a 20 (vinte) horas, até 22 (vinte e duas) horas;

III – 14 (quatorze) dias, para a duração do trabalho semanal superior a 15 (quinze) horas, até 20 (vinte) horas;

IV – 12 (doze) dias, para a duração do trabalho semanal superior a 10 (dez) horas, até 15 (quinze) horas;

V – 10 (dez) dias, para a duração do trabalho semanal superior a 5 (cinco) horas, até 10 (dez) horas;

VI – 8 (oito) dias, para a duração do trabalho semanal igual ou inferior a 5 (cinco) horas.

3.2.13 Repouso Semanal Remunerado

O repouso semanal remunerado também denominado repouso hebdomadário, possui natureza tutelar para que o empregado possa recuperar as energias gastas durante a semana, sendo direito fundamental garantido no artigo 7º, XV, da CF/88.

Exceto no caso de ausências justificadas ou abonadoras por mera liberalidade do empregador, o empregado terá direito ao repouso se for assíduo e pontual.

Os dias de descansos remunerados nos domingos e feriados são considerados como interrupção no contrato de trabalho: assim, para o empregador a tem-se a obrigação de não exigir o trabalho, mas pagar o salário.

Partindo de tais premissas, ao empregado doméstico é garantido o direito ao repouso semanal remunerado, por determinação do artigo 16 da LC n. 150/2015.

Assim, é bem verdade que o repouso do empregado doméstico é de vinte quatro horas consecutivas, preferencialmente aos domingos, sendo que a novidade estabelecida pela nova lei doméstica foi a inclusão expressa do feriado no conceito de descanso remunerado, o que não se verifica no art. 67 da CLT que tem redação semelhante.

Por determinação do artigo 2º, § 7º da LC n. 150/2015, o tempo de repouso e os domingos livres em que o empregado que mora no local de trabalho nele permaneça não serão computados como horário de trabalho.

Juntamente com o artigo 19 da lei em estudo, deve ser aplicada a Lei n. 605/49, que disciplina o repouso semanal remunerado.

Por fim, o artigo 2º, § 8º prevê que o trabalho não compensado prestado em domingos e feriados deve ser pago em dobro, sem prejuízo da remuneração relativa ao repouso semanal. Trata-se da indenização pelo não respeito ao DSR ou feriados

3.2.14 Feriados Civis e Religiosos

Por autorização legal (art. 19 da LC n. 150/2015), a Lei n. 605/49 deve ser aplicada aos empregados domésticos, no que tange ao repouso remunerado em feriados civis e religiosos, de acordo com a tradição local. Vale destacar que os feriados são determinados por meio de legislação federal, estadual ou municipal.

O artigo 2º, § 7º da lei destaca que os feriados e os domingos livres em que o empregado que mora no local de trabalho nele permaneça não serão computados como horário de trabalho.

O artigo 6º da Lei n. 605/49, destaca a hipótese de que não será devida a remuneração quando, sem motivo justificado, o empregado não tiver trabalhado durante toda a semana anterior, cumprindo integralmente o seu horário de trabalho.

De outro modo, destaca os motivos justificadores da ausência, sendo hipóteses, a título de exemplo a falta ao serviço com fundamento na lei sobre acidente do trabalho; a doença do empregado, devidamente comprovada a ausência do empregado, até três dias consecutivos, em virtude do seu casamento, entre outros.

Caso haja trabalho em feriado civil ou religioso o empregado deve proceder ao pagamento do dia em dobro ou conceder uma folga compensatória em outro dia da semana.

3.2.15 Férias

O artigo 7º, XVII, XXXIV e parágrafo único, garante a todos os trabalhadores o direito fundamental ao gozo de férias anuais remuneradas acrescidas do terço constitucional.

As férias possuem fundamento biológico e importantes finalidades, dentre as quais são destacadas a sua satisfação social do empregado, sua recuperação física, bem como o objetivo de atender interesses econômicos.

Com relação ao tema, não há muitas novidades, pois, antes mesmo da EC n. 72/2013 o empregado doméstico já fazia jus a 30 dias de férias após laborar 12 meses, chamado pela doutrina e jurisprudência de período aquisitivo.Inicialmente era garantido o direito a 20 dias úteis na Lei n. 5.859/72, entretanto a Lei n. 11.324/06 já adaptou o direito ao Texto Celetista e a CF prevendo 30 dias de férias.

Nesse sentido, inspirada na CLT, a Lei Complementar n. 150/2015, trouxe em seu artigo 17 e parágrafos o direito ao empregado doméstico de gozar férias anuais remuneradas de 30 dias, com acréscimo de 1/3 do salário normal, após cada 12 meses de trabalho contínuo prestado à mesma pessoa ou família.

Do mesmo modo, terá direito a férias proporcionais, entendidas como aquelas advindas de uma rescisão contratual sem justa causa, desde que trabalhados 14 dias no mês/12 avos por mês.

O empregador tem a faculdade de fracionar o período de férias do empregado doméstico em até dois períodos, sendo que um deles deverá ser de, no mínimo, 14 dias corridos.

Ainda sobre férias, será possível ao empregado "vender" 1/3 do seu período de descanso. Isso não significa 10 dias, e sim 1/3, pois dependerá de quantos dias efetivos de repouso terá (artigo 17, § 4º).

Trata-se de um direito do empregado, não cabendo ao empregador impor a "venda" das férias, bem como é proibida a "venda" integral das férias, ainda que seja poe vontade do empregado doméstico, já que é um direito irrenunciável.

Por fim, o empregado que reside no local de trabalho pode permanecer nele durante as férias.

3.2.16 Vale-Transporte

Um direito concedido e ratificado pela LC n. 150/2015, foi o auxílio transporte que poderá ser pago por meio de "vale" ou em espécie. Assim, o artigo 4º, da Lei n. 7.418/1985 deixa certo que o empregado tem direitos aos vales-transporte necessários aos deslocamentos do trabalhador no percurso residência-trabalho e vice-versa, no serviço de transporte que melhor se adequar, participando o empregador dos gastos de deslocamento do trabalhador com a ajuda de custo equivalente à parcela que exceder a 6% (seis por cento) de seu salário básico.

A Lei Complementar n. 150/2015 manteve o benefício no artigo 19, parágrafo único, que poderá ser substituído, a critério do empregador, pela concessão, mediante recibo, dos valores para a aquisição das passagens necessárias ao custeio das despesas decorrentes do deslocamento residência-trabalho e vice-versa.

Assim, o vale-transporte é devido quando da utilização de meios de transporte coletivo urbano, intermunicipal ou interestadual com características semelhantes ao urbano, para deslocamento residência/trabalho e vice-versa. Para tanto, o empregado deverá declarar a quantidade de vales necessária para o efetivo deslocamento.

Desse modo, haverá a possibilidade de o empregador fazer o pagamento desse benefício em dinheiro, o que é vedado pela legislação aplicável aos empregados não domésticos.Trata-se de uma novidade que vai ao encontro da jurisprudência do TST e do STF que já autorizavam o pagamento em pecúnia do vale sem alterar a sua natureza.

3.2.17 Aviso-Prévio

O aviso-prévio é direito garantido aos empregados domésticos desde a EC n. 72/2013, mas que pendia de regulação expressa. É direito irrenunciável pelo empregado e pedido de dispensa de cumprimento não exime o empregador de pagar o valor respectivo, salvo comprovação de haver o empregado obtido novo emprego. Nesse sentido, a Súmula 276, do TST.

Assim, quando uma das partes quiser rescindir o contrato de trabalho deverá comunicar à outra sua decisão, com antecedência mínima de 30 dias, devendo a contagem do prazo se iniciar no dia imediatamente posterior ao da comunicação.

A lei complementar trouxe o seu efetivo regulamento, sendo que será de 30 dias ao empregado que conte com menos de 1 ano completo de serviço ao mesmo empregador e com o acréscimo de 3 dias de aviso a cada ano de serviço completo prestado ao mesmo empregador.

Nesse sentido a LC apresentou como novidade o direito ao aviso-prévio proporcional afastando o debate anterior que existia em face da Lei n. 12.506/11 que regulamentou o direito em análise e parte da doutrina defendia que não era cabível aos domésticos, uma vez que parágrafo único do artigo primeiro da Lei citada menciona "serviço prestado a mesma **empresa**".

Nesse sentido ainda o artigo 23, § 2º da LC n. 150/2015 determina que o aviso-prévio terá duração máxima de 90 dias (30 dias da CF e no máximo mais 60 dias da proporcionalidade).

Já o artigo 24 em consonância com a CLT autorizou a redução de 2 horas na jornada ou ausência de 7 dias corridos ao final do aviso-prévio. Trata-se de uma opção do empregado, sendo cabível apenas na dispensa imotivada, ou seja, no aviso-prévio concedido no pedido de demissão não cabe a redução ou ausências.

Por fim, em consonância com a Consolidação das Leis do Trabalho, a lei complementar dispõe que diante da falta de aviso por parte do empregado, dá-se o direito ao empregador de descontar os salários correspondentes ao prazo respectivo. Já no caso de ausência de aviso por parte do empregador, o trabalhador tem direito aos salários correspondentes ao prazo do aviso, garantindo a contagem deste período como tempo de serviço.

3.2.18 Relação de Emprego protegida contra Despedida Arbitrária ou Sem Justa Causa

3.2.18.1 Término do contrato de trabalho por prazo determinado

Importante inovação trazida pela Lei Complementar Doméstica n. 150/2105, foi a contratação de trabalho doméstico por prazo determinado. Desse modo, o artigo 4º destaca as duas situações que ensejam a observação de prazo:

> Art. 4º É facultada a contratação, por prazo determinado, do empregado doméstico:
>
> I – mediante contrato de experiência;
>
> II – para atender necessidades familiares de natureza transitória e para substituição temporária de empregado doméstico com contrato de trabalho interrompido ou suspenso.
>
> Parágrafo único. No caso do inciso II deste artigo, a duração do contrato de trabalho é limitada ao término do evento que motivou a contratação, obedecido o limite máximo de 2 (dois) anos.

Nesse sentido, há duas situações em que haverá a extinção do contrato. A primeira delas é a extinção normal, na qual serão devidas as seguintes parcelas ao empregado: saldo de salários (se houver); saque dos depósitos do FGTS; férias vencidas e/ou proporcionais; bem como 13º salário integral e/ou proporcional.

A segunda hipótese é a de haver a extinção antecipada do contrato de trabalho por tempo determinado, assim, o artigo 6º da LC n. 150/2015, determina uma indenização ao empregado caso o empregador antecipe o término.

Nesse caso, serão devidas as seguintes verbas: indenização correspondente a metade do tempo faltante para o término do contrato; saldo de salários (se houver); saque dos depósitos do FGTS; férias vencidas e/ou proporcionais; bem como 13º salário integral e/ou proporcional.

Ao revés, poderá o empregado doméstico antecipar a rescisão do contrato e também deverá pagar uma indenização ao empregador, porém terá o direito de receber o saldo de salário; 13º salário integral e/ou proporcional; bem como as férias vencidas e/ou proporcionais.

Por fim, na hipótese da cláusula assecuratória do direito de rescisão a indenização mencionada é substituída pelo pagamento do aviso-prévio.

3.2.18.2 Término do contrato de trabalho por prazo indeterminado

A temática que envolve a terminação do contrato de trabalho doméstico, disciplina diversos fatores que ensejam a sua ocorrência. É bem verdade que o doméstico pode ter o seu contrato extinto caso haja a sua dispensa sem ou com justa causa; caso o empregador cometa alguma infração (rescisão indireta); caso haja o pedido de demissão pelo empregado; bem como a morte de qualquer das partes do contrato.

A) Hipóteses reguladas pela LC n. 150/2015 – Dispensa do empregado doméstico por justa causa e ruptura contratual por infração do empregador (rescisão indireta).

A nova legislação trabalhista doméstica regulou especificamente duas hipóteses dentre as destacadas acima. O artigo 27, *caput* e incisos cuidou da dispensa por justa causa do empregado doméstico; e o artigo 27, parágrafo único e incisos da ruptura do contrato, em decorrência de grave infração cometida pelo empregador, a rescisão indireta.

Em primeira análise, Mauricio Godinho Delgado e Gabriela Neves Delgado esclarecem a justa causa:

> De maneira preliminar, esclareça-se que se deve compreender por justa causa obreira a infração trabalhista, tipificada em lei que, cometida

pelo empregado, permite ao empregador colocar fim ao contrato de trabalho, sob ônus do trabalhador comitente da infração.

Nesse sentido, importante ainda destacar as hipóteses de justa causa destacadas expressamente pela LC n. 150/2015:

Art. 27. Considera-se justa causa para os efeitos desta Lei:

I – submissão a maus tratos de idoso, de enfermo, de pessoa com deficiência ou de criança sob cuidado direto ou indireto do empregado;

II – prática de ato de improbidade;

III – incontinência de conduta ou mau procedimento;

IV – condenação criminal do empregado transitada em julgado, caso não tenha havido suspensão da execução da pena;

V – desídia no desempenho das respectivas funções;

VI – embriaguez habitual ou em serviço;

VII – (VETADO);

VIII – ato de indisciplina ou de insubordinação;

IX – abandono de emprego, assim considerada a ausência injustificada ao serviço por, pelo menos, 30 (trinta) dias corridos;

X – ato lesivo à honra ou à boa fama ou ofensas físicas praticadas em serviço contra qualquer pessoa, salvo em caso de legítima defesa, própria ou de outrem;

XI – ato lesivo à honra ou à boa fama ou ofensas físicas praticadas contra o empregador doméstico ou sua família, salvo em caso de legítima defesa, própria ou de outrem;

XII – prática constante de jogos de azar.

Sobre as hipóteses cabe destacar que o inciso primeiro é específico do doméstico, não existindo para qualquer outra categoria e o inciso VII vetado mencionava como falta grave violar a intimidade do empregador; tal veto foi pertinente em razão da expressão "violar intimidade" ser genérica permitindo uma interpretação muito ampla para punir o trabalhador. Ademais, o inciso IX menciona o prazo de 30 dias para o abandono, positivando a interpretação da jurisprudência da Súmula 32 do TST.

Oportuno críticar o inciso VI que menciona embriaguez habitual como hipótese de falta grave, sendo que a jurisprudência é pacífica ao defender que à luz da Organização Mundial da Saúde (OMS) a embriaguez habitual é doença não cabendo a dispensa por justa causa e sim o afastamento do empregado para tratamento pelo INSS.

No tocante às demais, a improbidade é a falta grave que envolve dano material (ex.: furto); a incontinência é a que possui conotação sexual (ex.: assediar sexualmente colega de trabalho); mau procedimento é a falta grave genérica (ex.: pichar as paredes da casa); a condenação penal não precisa ser decorrente de crime praticado no trabalho; a desídia é a negligencia com o trabalho (ex.: atrasos retirados); os atos lesivos à honra e ofensas físicas na hipótese de colegas de trabalho ou terceiro devem ser em serviço para caracterizar justa causa, já em face do empregador não precisar, ou seja, qualquer lugar que ocorrer vai caracterizar a falta grave, pôr fim a prática de jogo de azar deve ser constante.

Assim, com vistas à fixação das mencionadas hipóteses, caso ocorra a dispensa por justa causa do empregado doméstico, o empregador deverá dar "baixa" na CTPS, mas sem destacar o motivo da dispensa, isso porque é vedado por lei qualquer anotação referente à conduta desabonadora do empregado. De outro modo, ao ser entregue o TRCT – termo de rescisão do contrato de trabalho, este contará o motivo da dispensa.

Ademais é devido somente o saldo de salário dos dias trabalhados no respectivo mês e, se houver, as férias vencidas com 1/3 e 13º salário vencido. Em outras palavras, somente as parcelas trabalhistas já adquiridas.

Não há o pagamento de 13º salário proporcional e de férias proporcionais com 1/3, tampouco de aviso-prévio, seja ele trabalhado ou indenizado. Do mesmo modo, não poderá haver o saque de FGTS e seguro-desemprego pelo empregado doméstico.

Nesse panorama, o empregador poderá resgatar o saldo do FGTS resultante dos depósitos mensais preventivos e compensatórios à base de 3,2% ao mês, mas não poderá sacar os depósitos efetivados à base de 8%, tendo em vista que permanecem no patrimônio jurídico do doméstico.

Seguindo essa linha de raciocínio, a Lei Complementar Doméstica, como já destacado, ainda disciplinou a ruptura do contrato de trabalho doméstico por infração cometida pelo empregador, a rescisão indireta. Sendo assim, são as hipóteses destacadas:

Art. 27 – Parágrafo único. O contrato de trabalho poderá ser rescindido por culpa do empregador quando:

I – o empregador exigir serviços superiores às forças do empregado doméstico, defesos por lei, contrários aos bons costumes ou alheios ao contrato;

II – o empregado doméstico for tratado pelo empregador ou por sua família com rigor excessivo ou de forma degradante;

III – o empregado doméstico correr perigo manifesto de mal considerável;

IV – o empregador não cumprir as obrigações do contrato;

V – o empregador ou sua família praticar, contra o empregado doméstico ou pessoas de sua família, ato lesivo à honra e à boa fama;

VI – o empregador ou sua família ofender o empregado doméstico ou sua família fisicamente, salvo em caso de legítima defesa, própria ou de outrem;

VII – o empregador praticar qualquer das formas de violência doméstica ou familiar contra mulheres de que trata o art. 5º da Lei n. 11.340, de 7 de agosto de 2006.

No tocante às hipóteses citadas cabe destacar que a VII é novidade, pois não tem previsão semelhante na CLT.

Para desenvolver o assunto, é de se destacar algumas peculiaridades. A primeira delas é que consiste em hipótese de ser necessária a propositura de ação trabalhista proposta pelo empregado doméstico perante o Juízo da Vara do Trabalho competente para apuração da falta grave.

Cabe ressaltar que a LC não prevê a possibilidade que consta no artigo 483, parágrafo terceiro, da CLT do empregador permanecer trabalhando e ingressar com ação trabalhista. Defendemos a aplicação também no âmbito doméstico, tendo em vista que o bem maior é sempre o emprego e a previsão do artigo 19 da LC que autoriza usar o texto celetista de forma subsidiária.

Reconhecida a rescisão indireta, importante destacar todas as parcelas rescisórias que serão devidas ao empregado doméstico. Mauricio Godinho Delgado e Gabriela Neves Delgado destacam:

> Tais verbas rescisórias são as seguintes: a) saldo salarial dos dias trabalhados no respectivo mês, ou saldo do mês trabalhado, em conformidade com a data de ruptura contratual; b) aviso-prévio indenizado, inclusive a proporcionalidade do pré-aviso, caso o contrato tenha completado um ano – respeitada a integração do prazo

total do aviso no tempo de serviço obreiro, especialmente para fins dos cálculos rescisórios; c) 13º terceiro salário proporcional; d) férias proporcionais com 1/3; e) saque da totalidade do FGTS, inclusive com o saldo relativo aos depostos especiais, substitutivos e compensatórios do acréscimo rescisório do Fundo de Garantia, recolhidos mensalmente à base de 3,2% sobre o salário do empregado, conforme determinação do art. 22, *caput*, da LC n. 150, de 2015; f) emissão das guias próprias para saque do seguro-desemprego pelo empregado".

Oportuno frisar que, como o término do contrato por rescisão indireta será firmada por decisão da Justiça do Trabalho, a data da "baixa" da CTPS deverá constar em sentença ou acórdão, sendo que via de regra se não ocorreu o afastamento do trabalho será a data da sentença, já se ocorreu o afastamento será a respectiva data.

B) Dispensa do empregado doméstico sem justa causa

É garantida ao empregado doméstico uma relação protegida contra despedida arbitrária ou sem justa causa. Para a análise do tema, faz-se necessário destacar as lições de Mauricio Godinho Delgado:

> A dispensa sem justa causa ainda constitui, no Direito brasileiro, um ato potestativo do empregador, que não tem de apresentar motivo específico para a sua decisão de encerramento do contrato de trabalho. Trata-se da denúncia vazia do contrato. Tem-se apresentado, sem dúvida, como a modalidade mais comum de ruptura do contrato de trabalho doméstico na realidade brasileira.

Sabe-se que, regra geral, o contrato de trabalho é por prazo indeterminado. Desse modo, serão destacadas as formalidades do término do contrato de trabalho doméstico sem justa causa quando não há predeterminação do fim.

Primeiramente, o empregador doméstico tem a obrigação de conceder o aviso-prévio trabalhado ou indenizado, de 30 dias ao seu empregado. Além do mais deverá especificar todas as verbas no termo de rescisão com contrato de trabalho, lançando também os descontos legais pertinentes, com relação as verbas de natureza salarial e, destacar o motivo da dispensa por justa causa, com o código de saque do FGTS.

Assim, serão devidas as seguintes verbas ao doméstico: saldo de salário; férias vencidas, com a respectiva dobra (se for o caso), todas com 1/3;

férias simples (se for o caso), com 1/3; férias proporcionais com 1/3, considerada a projeção do aviso; aviso-prévio proporcional e 13º proporcional do ano em curso, considerada a projeção do aviso-prévio e vencido, bem como o saque do FGTS (depósitos de 3,2% e de 8%) e o direito ao seguro-desemprego se cumpridos os requisitos dos artigos 26 e 28 da LC n. 150/15.

Importante destacar nesse ponto que deverá ser lançado no Simples Doméstico a rescisão do contrato com o objetivo de emissão de guia única de arrecadação, bem como a "baixa" do contrato

C) Morte do empregado ou empregador doméstico

Em breves palavras, com relação ao tema, importante desenvolver os principais direitos devidos as partes caso haja a morte de qualquer deles no curso do contrato de trabalho doméstico.

Assim, na hipótese de ocorrer a morte do empregador, serão devidas ao obreiro as seguintes verbas: saldo de salários; férias vencidas (se for o caso); férias proporcionais (se for o caso); saque dos depósitos do FGTS; 13º salário integral ou proporcional, a depender do caso.

Cabe lembrar que diferente do setor urbano no âmbito doméstico o falecimento do empregador é capaz de gerar a rescisão, pois nesse caso é possível defender o caráter personalíssimo também do ente patronal. Ademais, não há sucessão pelos herdeiros se não houver a continuidade da prestação de serviço, sendo o responsável pelo pagamento das verbas o espolio do empregador.

No tocante aos depósitos de 3,2% do FGTS no caso de falecimento do empregador e rescisão contratual a lei é omissa, logo entendemos que deve aplicar o princípio "in dubio pro operario" e ser devido ao empregado, já que ele não pode assumir o risco do negócio.

Ao revés, caso ocorra a morte do doméstico, os seus herdeiros na forma da Lei n. 6.858/80 serão incumbidos de receber as verbas que teria direito. Desse modo, são elas: saldo de salários; férias vencidas (se for o caso); férias proporcionais (se for o caso); saque dos depósitos do FGTS (apenas dos valores referente a 8%); 13º salário vencido e proporcional, a depender do caso. Não há direito ao seguro-desemprego. O empregador tem o direito de sacar os depósitos do FGTS de 3,2% ao mês.

D) Pedido de Demissão

A Lei Complementar n. 150 de 2105, é omissa com relação a extinção do contrato de trabalho em virtude de pedido de demissão do empregado doméstico. Sobre o tema, importante observar as lições de Carlos Henrique Bezerra Leite, Laís Durval Leite e Letícia Durval Leite:

> A LC n. 150 é omissa a respeito, mas, considerando-se as peculiaridades do trabalho doméstico, parece-nos que não é necessária a assistência do sindicato da categoria profissional para tornar válido o pedido de demissão do trabalhador doméstico. Reforça-se esse entendimento pelo fato de a LC n. 150 não dispor em nenhum de seus dispositivos sobre a necessidade de intervenção sindical para instituir compensação de horário ou jornada 12x36 horas, sendo certo que o art. 19 da mesma lei autoriza a aplicação subsidiária da CLT desde que observadas as peculiaridades do trabalho doméstico.

Nesse contexto, vale destacar as parcelas devidas ao empregado doméstico: saldo de salários; 13º vencido ou proporcional, bem como férias vencidas e proporcionais acrescidas de 1/3. O aviso-prévio é devido ao empregador e não há direito pelo empregado ao recebimento dos depósitos do FGTS e seguro desemprego. O empregador tem o direito de sacar os depósitos do FGTS de 3,2% ao mês.

E) Culpa Recíproca

O tema tem respaldo na Súmula 14 do TST, que deixa certo que na hipótese de culpa recíproca que enseja o término do contrato de trabalho, o empregado terá direito a 50% do valor do aviso-prévio, do 13º salário e das férias proporcionais.

Ainda nesse tópico, vale destacar o disposto no artigo 22, parágrafo 2º, da LC n. 150/2015:

> Art. 22. O empregador doméstico depositará a importância de 3,2% (três inteiros e dois décimos por cento) sobre a remuneração devida, no mês anterior, a cada empregado, destinada ao pagamento da indenização compensatória da perda do emprego, sem justa causa ou por culpa do empregador, não se aplicando ao empregado doméstico o disposto nos §§ 1º a 3º do art. 18 da Lei n. 8.036, de 11 de maio de 1990.
>
> (...)
>
> § 2º Na hipótese de culpa recíproca, metade dos valores previstos no *caput* será movimentada pelo empregado, enquanto a outra metade será movimentada pelo empregador.

Assim, terá o empregado doméstico o direito ao saldo de salário integral, férias vencidas com 1/3 no valor integral, 13º salário vencido integral, saque do valor integral dos depósitos do FGTS no importe de 8% mensais; metade do aviso-prévio, do 13º salário proporcional, metade das férias proporcionais com 1/3 e metade da indenização do artigo 22 da LC n. 150/2015, ou seja, metade dos depósitos do FGTS no importe de 3,2% mensais. Não há direito ao seguro desemprego e o empregador tem o direito de sacar a outra metade dos depósitos do FGTS de 3,2% ao mês.

3.2.18.3 VERBAS RESCISÓRIAS – PAGAMENTO

Quanto à rescisão do contrato de trabalho doméstico, o empregador deverá observar alguns prazos para efetuar o pagamento das verbas rescisórias devidas. Desse modo, por não prever tal obrigação, a LC n. 150, de 2105, autoriza em seu artigo 19, a aplicação subsidiária da Consolidação das Leis do Trabalho.

Assim sendo, os prazos do artigo 477, parágrafo 6º, da CLT deverão ser observados. O pagamento das verbas que constam do instrumento de rescisão ou recibo de quitação deverá ser feito: a) até o primeiro dia útil imediato ao término do contrato de trabalho, na hipótese de aviso-prévio trabalhado; b) até o décimo dia, contado da data da notificação da demissão, quando da dispensa do aviso-prévio, indenização do mesmo ou quando cumprido em casa (OJ – 14 da SDI-1/TST).

Caso contrário, o empregador doméstico estará sujeito à multa a favor do obreiro no valor equivalente ao salário mensal conforme previsto no parágrafo 8º, do artigo 477 da CLT:

> Art. 477 – É assegurado a todo empregado, não existindo prazo estipulado para a terminação do respectivo contrato, e quando não haja êle dado motivo para cessação das relações de trabalho, o direto de haver do empregador uma indenização, paga na base da maior remuneração que tenha percebido na mesma emprêsa. (Redação dada pela Lei n. 5.584, de 26.6.1970)
>
> § 8º – A inobservância do disposto no § 6º deste artigo sujeitará o infrator à multa de 160 BTN, por trabalhador, bem assim ao pagamento da multa a favor do empregado, em valor equivalente ao seu salário, devidamente corrigido pelo índice de variação do BTN, salvo quando, comprovadamente, o trabalhador der causa à mora. (Incluído pela Lei n. 7.855, de 24.10.1989)

Importante lembrar que há debate se o pagamento sem homologação afasta a multa, isso porque há entendimento que se trata de ato complexo, em outras palavras, que exige o pagamento e a homologação. Já corrente contrária à luz da interpretação literal do dispositivo da CLT que menciona apenas o pagamento o atraso da homologação não gera multa.

Por fim, antes da LC n. 150/15 em razão da exclusão da aplicação da CLT aos domésticos prevalecia o entendimento que não era aplicado a eles o prazo e a penalidade do artigo 477 da CLT, gerando insegurança jurídica na relação em razão da ausência de um parâmetro para o momento do pagamento das verbas.

3.2.19 Fundo de Garantia do Tempo de Serviço

Antes da nova lei dos empregados domésticos, o Fundo de Garantia do Tempo de Serviço era facultativo, ou seja, era opção do empregador realizar o pagamento. Todavia, com o seu advento, a verba destacada passou a ser obrigatória através do artigo 21:

> Art. 21. É devida a inclusão do empregado doméstico no Fundo de Garantia do Tempo de Serviço (FGTS), na forma do regulamento a ser editado pelo Conselho Curador e pelo agente operador do FGTS, no âmbito de suas competências, conforme disposto nos arts. 5° e 7° da Lei n. 8.036, de 11 de maio de 1990, inclusive no que tange aos aspectos técnicos de depósitos, saques, devolução de valores e emissão de extratos, entre outros determinados na forma da lei.
>
> Parágrafo único. O empregador doméstico somente passará a ter obrigação de promover a inscrição e de efetuar os recolhimentos referentes a seu empregado após a entrada em vigor do regulamento referido no *caput*.

É bem verdade esclarecer que os empregados domésticos que já estivessem inscritos no FGTS por ato voluntário de seus empregadores continuaram a participar normalmente do sistema, observadas as novas regras da Lei Complementar n. 150 sobre o Fundo de Garantia, a partir de 1º de outubro de 2015.

Houve uma novidade trazida pela legislação doméstica, vez que deverá o empregador depositar uma quantia equivalente a 3,2% do salário para ser destinada ao pagamento da multa pela despedida sem justa causa ou por culpa do empregador, além dos 8% devidos sobre a remuneração mensal do doméstico.

Esses valores serão depositados na conta vinculada do empregado, em variação distinta daquela em que se encontrarem os valores oriundos dos depósitos de que trata o inciso IV do art. 34 da LC n. 150/2015, e somente poderão ser movimentados por ocasião da rescisão contratual.

Assim, o empregador ao mês vai recolher de FGTS o importe de 11,2%, sendo 8% depósitos regulares e 3,2% referente a indenização rescisória.

É determinado pela lei que serão movimentados pelo empregador doméstico os depósitos de 3,2%, caso haja a dispensa por justa causa; na hipótese de pedido de demissão; de término do contrato de trabalho por prazo determinado; bem como de aposentadoria e de falecimento do empregado doméstico. De outro modo, na hipótese de culpa recíproca, metade dos valores previstos no *caput* será movimentada pelo empregado, enquanto a outra metade será movimentada pelo empregador.

Já pelo empregado quando ocorrer dispensa sem justa causa e rescisão indireta, bem como pela metade na hipótese de culpa recíproca.

Há que se lembrar ainda que aos valores destacados devem ser aplicadas as disposições da Lei n. 8.036, de 11 de maio de 1990, e da Lei n. 8.844, de 20 de janeiro de 1994, inclusive quanto a sujeição passiva e equiparações, prazo de recolhimento, administração, fiscalização, lançamento, consulta, cobrança, garantias, processo administrativo de determinação e exigência de créditos tributários federais.

3.2.20 Seguro-Desemprego

Conforme disposto no artigo 201, III, da CF/88, seguro-desemprego é um benefício previdenciário, garantido pelo Fundo de Amparo ao Trabalhador – FAT, sendo pessoal e intransferível, exceto nos casos de morte do segurado, caso em que será pago aos seus dependentes mediante apresentação de alvará judicial.

Anteriormente o benefício era facultativo, entretanto o artigo 26 da nova lei doméstica deixa certo a obrigatoriedade do seguro-desemprego ao empregado doméstico, que for dispensado sem justa causa, na forma da Lei n. 7.998/90, no valor de 1 salário mínimo, por período máximo de 3 meses, de forma contínua ou alternada; nos termos do regulamento do Conselho Deliberativo do Fundo de Amparo ao Trabalhador (Codefat), conforme o artigo 26, parágrafo único da lei.

A antiga lei dos empregados domésticos (Lei n. 5.889/72) garantia o benefício apenas aos empregados que tinham conta vinculada do FGTS aberta, facultativamente pelo empregador doméstico.

Há situações em que o benefício poderá ser cancelado sem prejuízo das demais sanções cabíveis (artigo 26, parágrafo 2º), a título de exemplo: pela ocorrência da morte do segurado; no caso de ser comprovada fraude com o objetivo de percepção indevida do benefício e quando o trabalhador se recusar, de outro emprego condizente com sua qualificação registrada ou declarada e com sua remuneração anterior.

Nesse sentido ainda, são necessários alguns requisitos para que o empregado doméstico possa obter o seguro-desemprego (art. 28) e, caso haja falsidade na prestação de informações necessárias a habitação, hipótese que também será considerada a perda do benefício.

Assim, deverá o empregado doméstico, apresentar ao órgão competente do MTE: a declaração de que não está em gozo de benefício de prestação continuada da Previdência Social, com a exceção do auxílio-acidente e pensão por morte; sua CTPS com as anotações devidas comprovando o vínculo de emprego doméstico, durante pelo menos 15 meses nos últimos 24 meses; o termo de rescisão do contrato de trabalho; e declaração de que não possui renda própria.

3.2.21 Proibição de trabalho a menores de 18 anos

É proibido o trabalho noturno e em condições perigosas ou insalubres aos menores de 18 anos, como prevê o artigo 7º, inciso XXXIII da Constituição Federal.

Nesse mesmo sentido, o artigo 1º, parágrafo único da LC n. 150/2015, determina a vedação na contratação de menor de 18 anos para desempenho de trabalho doméstico, assim como determina a Convenção n. 182, de 1999, da Organização Internacional do Trabalho (OIT) e o Decreto n. 6.481, de 12 de junho de 2008.

Este último trata das piores formas de trabalho infantil, denominada de Lista TIP e, além do trabalho doméstico elencado nesta, ainda são exemplos desse tipo de trabalho: trabalhos na fabricação de fogos de artifício; em cemitérios; em câmaras frigoríficas; trabalhos que envolvam a exposição de abusos físicos, psicológicos ou sexuais, entre outros.

3.2.22 Reconhecimento das Convenções Coletivas e Acordos Coletivos de Trabalho

Importante tema destinado aos empregados domésticos é o reconhecimento das Convenções Coletivas e Acordos Coletivos de Trabalho. No tocante ao aspecto temporal, até pouco tempo o "sindicato dos empregados domésticos" era equiparado a uma associação. Desse modo não tinha legitimidade para atuar como um verdadeiro sindicato, tampouco poderes e prerrogativas, sendo restritas as suas atribuições. Isso porque, havia a ausência de aplicação da CLT aos empregados domésticos por força do artigo 7º, *a*, da CF/88.

No entanto, a EC n. 72/2013 reconheceu o direito aos empregados domésticos, devendo haver o registro no Ministério do Trabalho e, necessário legitimar o sindicato da categoria dos empregados e empregadores domésticos.

Assim, o dispositivo 511 e seguintes da CLT passaram a ser aplicáveis aos domésticos. A título de exemplo, são algumas delas: necessidade de homologar as rescisões contratuais e pedidos de demissão de empregados com mais de um ano de serviço; o dever do patrão de pagar a sua contribuições sindical e de descontar e repassar as devidas por seus empregados; o dever das partes de negociar coletivamente quando provocadas pela outra; devem respeitar e cumprir as normas coletivas que lhes forem aplicáveis; respeitar o enquadramento sindical do empregado, que futuramente poderá pertencer a uma categoria sindical diferenciada; garantir a estabilidade do dirigente sindical.

Por fim, cabe entretanto ressaltar que falta ainda uma atuação maior do sindicato em âmbito profissional e econômico, sendo que por tal razão para eventuais recolhimentos de contribuições sindicais deve apurar a existência do sindicato no âmbito da região do serviço doméstico.

3.2.23 Redução dos riscos inerentes ao trabalho – Adicionais de Insalubridade e Periculosidade

Assim como todos os trabalhadores, sejam urbanos ou rurais, os empregados domésticos também estão sujeitos a inúmeros tipos de acidentes de trabalho como: queimaduras, quedas, cortes e choques elétricos; não só porque trabalham no âmbito residencial do empregador que não deveriam ser abarcados pela proteção ao direito de redução dos riscos inerentes ao trabalho.

Como já destacado, não é somente empregado doméstico a empregada que trabalha na casa do patrão, mas também o motorista particular, o jardineiro, o piloto, entre outros já mencionados em capítulo próprio. Ademais, a residência do empregador é tratada em sentido amplo, não só abrangendo as dependências de uma casa.

Desse modo, como é dever do empregador manter um ambiente hígido, propício para o cumprimento da prestação de serviços pelo empregado, deverão ser observadas normas de saúde, higiene e medicina do trabalho para eliminação de causas potenciais de acidentes, sendo que a prevenção ainda constitui a melhor prevenção.

Por fim, à luz do artigo 19 da LC n. 150/15 que autoriza aplicar a CLT há quem defenda que o doméstico tem direitos adicionais de insalubridade e periculosidade, caso exposto aos respectivos agentes. Crítica a tal entendimento sustenta que o inciso XXIII do artigo 7º da CF que trata dos adicionais não consta no artigo 7º, paragrafo único da Lei Maior como aplicado ao empregado doméstico, bem como pela dificuldade na produção da prova pericial na residência do empregador doméstico se não autorizado o acesso.

3.2.24 Integração à Previdência Social

O artigo 20 da nova lei deixa certo que o empregado doméstico é segurado obrigatório da Previdência Social, sendo-lhe devidas, na forma da Lei n. 8.213, de 24 de julho de 1991, as prestações nela arroladas, atendido o disposto nesta Lei e observadas as características especiais do trabalho doméstico.

3.2.25 Estabilidade gestante

É garantida à empregada doméstica gestante o direito a estabilidade provisória desde a confirmação da gravidez até cinco meses após o parto, período em que só poderá ser despedida mediante justa causa.

O artigo 25, parágrafo único da Lei complementar n. 150/2015, manteve importante garantia constitucional que somente foi estendida expressamente a empregada doméstica pela Lei n. 11.324/2006, que alterou o parágrafo único do artigo 7º, da Constituição Federal.

Destacou ainda a lei que a confirmação do estado de gravidez durante o curso do contrato de trabalho, ainda que durante o prazo do aviso-prévio trabalhado ou indenizado, garante à empregada gestante a estabilidade provisória prevista na alínea "b" do inciso II do art. 10 do Ato das Disposições Constitucionais Transitórias, assim como garantido às empregadas protegidas pela CLT no artigo 391-A.

Cabe aplicar a empregada doméstica a interpretação da Súmula 244 do TST quanto ao critério objetivo (desnecessário conhecimento do empregador na dispensa) e estabilidade no contrato por prazo determinado.

Por fim, em que pese o empregado ser o bem maior, em razão da fidúcia existente na relação doméstica é mais prudente a indenização do período de estabilidade na hipótese da dispensa imotivada ao invés de reintegração imposta pelo magistrado.

3.2.26 Licença-Maternidade

Já prevista no ordenamento jurídico-laboral vigente, por força do artigo 7º, da CF, a Lei Complementar n. 150/2015, ratificou em seu artigo 25 o direito à licença-maternidade a empregada doméstica gestante.

Desse modo, terá direito ao benefício – sem prejuízo do emprego e do salário, com duração de 120 dias, nos termos da Seção V do Capítulo III do Título III da CLT.

No plano prático, é dever da empregada, notificar o seu empregador da data do início do afastamento do emprego, por meio de atestado médico, que poderá ocorrer entre o 28º (vigésimo oitavo) dia antes do parto e ocorrência deste. Ao revés, no em caso de parto antecipado, a mulher terá direito aos 120 (cento e vinte) dias de licença. Ademais, os períodos de repouso, antes e depois do parto, poderão ser aumentados de 2 (duas) semanas cada um, mediante atestado médico.

Até que este complete 6 (seis) meses de idade, a mulher terá direito, durante a jornada de trabalho, a 2 (dois) descansos especiais, de meia hora cada um, o direito de amamentar o próprio filho.

Em caso de aborto não criminoso, comprovado por atestado médico oficial, a mulher terá um repouso remunerado de 2 (duas) semanas, ficando-lhe assegurado o direito de retornar à função que ocupava antes de seu afastamento.

No tocante as condições de saúde, quando assim o exigirem, a empregada poderá ser transferida de função, assegurada a retomada da função anteriormente exercida, logo após o retorno ao trabalho, sem prejuízo do salário e demais direitos. Em outras palavras, é facultado também mediante atestado médico, à mulher grávida romper o compromisso resultante de qualquer contrato de trabalho, desde que este seja prejudicial à gestação.

Nesse mesmo sentido, sem prejuízo do salário e demais direitos, poderá ser dispensada do horário de trabalho pelo tempo necessário para a realização de, no mínimo, seis consultas médicas e demais exames complementares.

Será concedida licença-maternidade à empregada que adotar ou obtiver guarda judicial para fins de adoção de criança, e, no caso de guarda conjunta, apenas um dos adotantes ou guardiães empregado ou empregada terá assegurado o direito.

Em caso de morte da genitora, é assegurado ao cônjuge ou companheiro empregado o gozo de licença por todo o período da licença-maternidade ou pelo tempo restante a que teria direito a mãe, exceto no caso de falecimento do filho ou de seu abandono.

Por fim, não é aplicável a doméstica a prorrogação de mais 60 dias de licença totalizando 180 dias prevista na Lei n. 11.770/08 que cria o Programa Empresa Cidadã, tendo em vista que o artigo 1, inciso primeiro, é claro ao mencionar empregada de Pessoa Jurídica.

3.2.27 Licença-Paternidade

A licença-paternidade é concedida a todo pai, independentemente da forma de vínculo, casamento ou união estável, ou mesmo da existência desse vínculo. Os dias de licença são considerados como ausência justificada ao trabalho.

Trata-se de direito trabalhista e não previdenciário, sendo o pagamento devido pelo empregador mediante apresentação da certidão de nascimento. Há quem defenda que como a licença-maternidade, tal benefício deveria ser previdenciário.

Assim, ratificada pela nova regulamentação do trabalho doméstico, ao empregado doméstico é garantido o direito previsto no artigo 7º, parágrafo único, da Constituição Federal, e artigo 10, § 1º, das Disposições Constitucionais Transitórias, de 5 dias corridos, a contar do nascimento do filho.

A licença-paternidade é considerada hipótese de interrupção do contrato de trabalho, caso em que o empregado não trabalha, mas recebe salário, há a contribuição para a Previdência Social e a contagem de tempo para todos os benefícios, a exemplo da aposentadoria.

Cabe lembrar que em que pese a LC n. 150/15 nada falar das demais hipóteses de interrupção do contrato do artigo 473 da CLT (licença para casamento, falecimento, doação de sangue etc.) é possível sua aplicação por força do artigo 19 da norma complementar em análise.

Por fim, não é aplicável a doméstica a prorrogação de mais 15 dias de licença totalizando 20 dias prevista na Lei n. 11.770/08 que cria o Programa Empresa Cidadã, tendo em vista que o artigo 1, inciso segundo, é claro ao mencionar empregado de Pessoa Jurídica.

3.2.28 Salário-Família

O artigo 7º, XII da CF/88 prevê o pagamento do salário-família para os dependentes do empregado.

O benefício foi concedido e ratificado pela LC n. 150 aos empregados domésticos. Tal direito consiste no valor pago para cada filho até a idade de 14 anos, bem como para os inválidos de qualquer idade. De acordo com o dispositivo legal o benefício deverá ser pago diretamente ao empregado e descontar de sua parte da contribuição social todo mês.

Justamente por meio da alteração de redação do art. 65 da Lei n. 8.213/91, o empregado doméstico tem direito ao salário-família em igualdade de condições com o empregado não doméstico, inclusive com obrigação do empregador de efetuar o pagamento e, posteriormente, deduzir a quantia respectiva do valor por ele devido a título de contribuição previdenciária.

Para receber o benefício, bastará que o empregado doméstico entregue a certidão de nascimento do seu filho menor de quatorze anos ao seu empregador. Nessa esteira, a Súmula n. 254 do TST destaca o termo inicial do direito ao benéfico:

SALÁRIO-FAMÍLIA. TERMO INICIAL DA OBRIGAÇÃO (mantida) – Res. 121/2003, DJ 19, 20 e 21.11.2003. O termo inicial do direito ao salário-família coincide com a prova da filiação. Se feita em juízo, corresponde à data de ajuizamento do pedido, salvo se comprovado que anteriormente o empregador se recusara a receber a respectiva certidão.

Ainda nesse sentido, por meio da alteração da lei doméstica na lei previdenciária, as cotas do salário-família serão pagas pela empresa ou pelo empregador doméstico, mensalmente, junto com o salário, efetivando-se a compensação quando do recolhimento das contribuições, conforme dispuser o Regulamento.

Por final, determina a legislação que a empresa ou o empregador doméstico deverão conservar comprovantes de pagamento e as cópias das certidões correspondentes, para fiscalização da Previdência Social no período de 10 anos.

3.2.29 Auxílio-Doença

O auxílio-doença é benefício concedido ao empregado doméstico a partir do primeiro dia de seu afastamento em razão de doença. É pago pelo INSS e deverá ser requerido, no máximo, até 30 dias do início da incapacidade.

Na hipótese de o requerimento ser feito após o 30º dia do afastamento da atividade, o benefício será concedido a contar da data de entrada do requerimento (artigo 72 do Decreto n. 3.048, de 6 de maio de 1999).

3.2.30 Auxílio-acidente e estabilidade acidentária

A adoção de medidas de prevenção de acidentes de trabalho é um dever moral. Assim, toda empresa deve prevenir acidentes no ambiente de trabalho, fornecendo equipamentos de segurança para aqueles que prestam serviços em funções que os exigem.

O artigo 37 da Lei Complementar n. 150/2015, alterou alguns artigos da Lei n. 8.213/91, entre elas o auxílio-acidente, dispondo que acidente do trabalho é o que ocorre pelo exercício do trabalho a serviço de empresa ou de empregador doméstico ou pelo exercício do trabalho dos segurados referidos no inciso VII do art. 11 desta Lei n. 8.213/91, capazes de provocar lesão corporal ou perturbação funcional que cause a morte ou a perda ou redução, permanente ou temporária, da capacidade para o trabalho. Nesse sentido o artigo 19 da lei previdenciária.

Assim, no caso da ocorrência de acidente de trabalho, faz jus o doméstico à estabilidade de 12 meses em caso de ocorrência de acidente de trabalho, desde que preencha os requisitos determinados no artigo 118 da Lei n. 8.213/91.

Cabe lembrar que o empregado doméstico antes não gozava do direito à estabilidade em acidente ou doença do trabalho exatamente pela falta da previsão como acidente ocorrido em residência, afastando a possibilidade dos benefícios acidentários como auxílio-doença acidentário (código B91) e auxílio-acidente.

Em que pese o empregado ser o bem maior, em razão da fidúcia existente na relação doméstica é mais prudente a indenização do período de estabilidade na hipótese da dispensa imotivada ao invés de reintegração imposta pelo magistrado.

O empregado ou o empregador doméstico deverão comunicá-lo à Previdência Social até o primeiro dia útil seguinte ao da ocorrência e, em caso de morte, de imediato, à autoridade competente, sob pena de multa variável entre o limite mínimo e o limite máximo do salário de contribuição, sucessivamente aumentada nas reincidências, aplicada e cobrada pela Previdência Social (art. 22).

Por fim, será caracterizada a natureza acidentária da incapacidade quando constatar ocorrência de nexo técnico epidemiológico entre o trabalho e o agravo, decorrente da relação entre a atividade da empresa ou do empregado doméstico e a entidade mórbida motivadora da incapacidade elencada na Classificação Internacional de Doenças, pela perícia médica do INSS.

3.2.31 Aposentadoria

É garantido ao empregado doméstico o direito a aposentadoria por invalidez, cuja carência é de 12 contribuições mensais, e depende da verificação da condição de incapacidade mediante exame médico-pericial a cargo do INSS.

Vale destacar que será devida a contar da data do início da incapacidade ou da data da entrada do requerimento, se entre essas datas decorrerem mais de 30 dias. Será automaticamente cancelada na hipótese de o empregado doméstico retornar ao trabalho (artigos 29, I, 43, 44, § 1º, II, § 2º, 45, 46, 47 e 48, do Decreto n. 3.048, de 6 de maio de 1999).

A aposentadoria por idade será devida ao segurado que completar 65 anos e à segurada com 60 anos, uma vez cumprida a carência de 180 contribuições mensais (artigos 29, II, 51, 52, I, do referido Decreto).

3.2.32 Simples Doméstico

Inovação importante foi a criação do simples doméstico, por meio do qual, todas as contribuições serão pagas em um único boleto bancário, a ser retirado pela internet. O Ministério do Trabalho publicará portaria sistematizando seu pagamento. Tal tema será tratado em capítulo próprio.

Por fim, o site utilizado é o: {http://www.esocial.gov.br}

3.2.33 Prescrição

Prescrição é a perda da pretensão, em outras palavras, a perda da proteção jurídica relativa ao direito pelo decurso do tempo, a fim de evitar instabilidades e garantir segurança nas relações sociais.

Ela reprime a inércia e incentiva o titular do direito a tomar providências que possibilitem o exercício de seu direito em um período de tempo razoável, estipulando prazos a serem observados para o exercício de alguns direitos, sob pena destas proteções jurídicas não poderem mais ser exercidas.

O artigo 7º, parágrafo único da Constituição Federal, enumera direitos estendidos aos empregados domésticos e, antes da LC n. 150/2015, era omisso com relação aos prazos quinquenal e bienal ao empregado doméstico. Todavia, o TST entendia que por se tratar de norma geral, abrange todos os trabalhadores, sendo que não havia vedação legal quanto ao assunto.

Tal dúvida foi dissipada com a Lei Complementar n. 150/2015, em seu artigo 43, que destacou que o direito de ação quanto a créditos resultantes das relações de trabalho doméstico, prescrevem em 5 anos até o limite de 2 anos após a extinção do contrato de trabalho.

Assim, o empregado doméstico terá dois anos (bienal) para ingressar com ação, a contar da cessação do contrato de trabalho e reclamar os últimos cinco anos trabalhados (quinquenal), contados da propositura da demanda trabalhista. Portanto, o cômputo de dois anos para ingressar com a reclamação trabalhista terá início a partir da rescisão do contrato de trabalho, e o prazo de cinco anos para reclamar as verbas trabalhistas será computado a partir do ajuizamento da demanda.

Por fim, aplica-se ainda aos domésticos toda jurisprudência relacionada a prescrição, em especial sobre a prescrição do recolhimento do FGTS na Súmula 362 do TST.

3.2.34 Fiscalização das obrigações pelo Ministério do Trabalho e Emprego

A LC n. 150/2015, alterou a redação do artigo 11-A da Lei n. 10.593/2002, tratando da fiscalização do cumprimento das obrigações trabalhistas do empregado doméstico pelo Ministério do Trabalho e Emprego.

Desse modo, sendo a casa do indivíduo asilo inviolável (art. 5º, XI, da CF/88), a natureza da fiscalização deverá ser orientadora e ser feita de modo diferenciado. Assim, a lei garante que deverá haver um agendamento de visita pelo Auditor-Fiscal do Trabalho.

Na hipótese de descumprimento de obrigação, para ser lavrado auto de infração, deverá ser observado o critério da dupla visita, salvo quando for constatada infração por falta de anotação na CTPS ou, ainda, na ocorrência de reincidência, fraude, resistência ou embaraço à fiscalização. Vale destacar que é assim como ocorre com a relação de emprego não doméstica.

CAPÍTULO 4

DO SIMPLES DOMÉSTICO

4.1 O SIMPLES DOMÉSTICO

O Simples Doméstico foi instituído pela Lei Complementar n. 150/2015 no seu artigo 31 e seguintes. Trata-se do regime que teve como objetivo unificar o pagamento dos encargos trabalhistas e previdenciários e tributos que deverão ser recolhidos pelos empregadores domésticos em função dos trabalhadores a eles vinculados, substituindo assim, os antigos documentos de arrecadação previdenciária e tributária utilizados antes de outubro de 2015.

Contados da vigência do diploma legal, ou seja, dia 02.06.2015, o Simples Doméstico deveria ser regulamentado pelo prazo de 120 dias, por ato conjunto dos Ministros de Estado da Fazenda, da Previdência Social e do Trabalho e Emprego.

Desse modo, os novos contratos de trabalho doméstico, após o mês de outubro de 2015, deverão se inserir no regime do Simples Doméstico, por meio do site {www.esocial.gov.br} (Portal eSocial), que viabilizará a emissão do DAE (guia única) para o pagamento dos tributos e do FGTS, considerando o próprio mês da contratação.

4.2 E-SOCIAL – Sistema oficial virtual de cadastramento e inserção de dados

A Lei Complementar n. 150/2015 criou o e-Social, que é um sistema de escrituração digital das obrigações trabalhistas, fiscais, previdenciárias, com o objetivo de unificar a prestação de informações pelo empregador em relação aos seus empregados, como a título de exemplo: cadastramento, vínculos, contribuições previdenciárias e folha de pagamento, entre outros, gerido pela CAIXA, INSS, Ministério da Previdência Social, Ministério do Trabalho e Emprego e Receita Federal do Brasil. Para o empregador doméstico é uma solução *web* para prestação de informação simplificada e *online*.

O empregador poderá a qualquer tempo realizar o cadastramento no sistema do e-Social. Nesse sentido, caso o empregado doméstico for admitido antes de 1º de outubro de 2015 e que continuam vinculados ao empregador doméstico deverão ser cadastrados no sistema até o fechamento da folha de pagamentos da competência 10/2015 (prazo limite em 30.11.2015) para permitir a geração da guia para recolhimento unificado.

Por outro lado, aos empregados domésticos contratados a partir do dia 1º de outubro de 2015, o registro no sistema deverá ocorrer até o dia imediatamente anterior à admissão.

A título de informação, para efetuar o cadastro do trabalhador doméstico no novo portal o empregador precisará informar os seguintes dados: CPF; data de nascimento; país de nascimento; número do NIS (NIT/PIS/PASEP); raça/cor; escolaridade.

Por fim, o passo seguinte é informar os seguintes dados: número, série e UF da CTPS; data da admissão; data da opção pelo FGTS; número do telefone; e-mail de contato.

4.3 Recolhimento no DAE (guia única) para o empregador doméstico – data, valores e responsabilidade pelo recolhimento dos tributos

O documento de arrecadação e-Social encontra-se disponível desde a data de 1 de novembro de 2015, no endereço {www.esocial.gov.br}.

O empregador doméstico terá que recolher, por meio do DAE: FGTS – equivalente a 8% do salário do trabalhador; FGTS – Reserva Indenizatória da perda de emprego – 3,2% do salário do trabalhador (depósito compulsório); seguro contra acidentes de trabalho – 0,8% do salário; INSS devido pelo empregador – 8% do salário.

Nesse mesmo sentido, recolher o INSS devido pelo trabalhador – de 8% a 11%, dependendo do salário; Imposto de Renda Pessoa Física – se o trabalhador receber acima de R$ 1.903,98; porém os pagamentos deverão ser realizados pelo empregador, que os descontará do salário pago aos trabalhadores.

O prazo de vencimento do DAE mensal é a partir do dia 07 de cada mês, sendo o primeiro vencimento, será em 30.11.2015, para a competência 10/2015, considerando prorrogação do prazo pela Portaria Conjunta 866/2015. Ademais, o recolhimento deve ser antecipado para o dia útil imediatamente anterior, caso não haja expediente bancário na data mencionada.

No tocante as rescisões ocorridas a partir de 01.12.2015 quando o empregador informar a data de desligamento será permitido gerar o DAE rescisório referente aos recolhimentos devidos sobre a remuneração do mês anterior e do mês da rescisão. Se a rescisão for do tipo que gera direito ao saque do FGTS, serão gerados dois DAE.

O primeiro deles será para o recolhimento de 8% do FGTS e de 3,2% relativos à indenização compensatória da perda do emprego, em que o vencimento será o mesmo definido no artigo 477 da CLT e observando o tipo de aviso-prévio.

Em outras palavras, no caso do aviso-prévio trabalhado, o vencimento é até o dia seguinte ao desligamento; ao passo que se for indenizado, o vencimento ocorrerá até dez dias após o desligamento.

O segundo será para o recolhimento dos tributos incidentes, cujo vencimento será até o dia sete do mês seguinte ao da rescisão. Para quitação de todos os valores devidos na rescisão junto com o DAE que contemplará o recolhimento do FGTS, o empregador poderá optar por gerar um único DAE.

Nos demais casos de rescisão será gerado um DAE único, para recolhimento dos 8% do FGTS, dos 3,2% relativos à indenização compensatória da perda do emprego e dos tributos incidentes, cujo vencimento será até o dia sete do mês seguinte ao da rescisão.

O DAE, com código de barras, será quitado na agência lotérica, no correspondente bancário, agência bancária ou canais eletrônicos disponibilizados pelo seu banco, desde que ele tenha convênio para arrecadação deste produto

A contratação de um profissional de contabilidade para gerar o DAE não é opção do empregador, mas não obrigatória, vez que o Portal do e-Social foi desenvolvido de forma a facilitar o seu uso, de modo intuitivo e de fácil manuseio.

A legislação determina que cabe ao empregador efetuar o depósito em conta vinculada em nome do trabalhador, assim, os valores do FGTS não podem ser pagos diretamente ao empregado doméstico.

Por fim, o recolhimento será efetuado em instituições financeiras arrecadadoras de receitas federais, devendo o ser fornecido ao empregado cópia do documento único de arrecadação.

CAPÍTULO 5

A LIDE ENVOLVENDO O EMPREGADO E O EMPREGADOR DOMÉSTICO NA JUSTIÇA DO TRABALHO

Em razão dos novos direitos garantidos aos empregados domésticos, delineados em estudos feitos anteriormente, as ações trabalhistas movidas na Justiça do Trabalho aumentaram. É bem verdade que muitos dos empregadores domésticos deixam de cumprir a legislação, que exige conhecimento e cuidados específicos, tendo como exemplo, a falta de registro na Carteira de Trabalho e Previdência Social, bem como a rescisão mal feita. Assim, importante destacar o papel de cada parte (empregado e empregador) perante a Justiça, no intuito de informar e clarear conteúdos necessários como o princípio do *jus postulandi*; a figura do preposto; confissão e revelia e ônus de prova.

5.1 *JUS POSTULANDI*

O *jus postulandi* encontra respaldo legal no artigo 791, da CLT, que autoriza os empregados e os empregadores reclamar pessoalmente perante a Justiça do Trabalho e acompanhar as suas reclamações até o final.

Sobre o tema, Carlos Henrique Bezerra Leite destaca que: *Pode-se dizer, portanto, que o* jus postulandi, *no processo do trabalho, é a capacidade conferida por lei às partes, como sujeitos da relação de emprego, para postularem diretamente em juízo, sem necessidade de serem representados por advogado.*

Todavia, a Súmula n. 425 do Tribunal Superior do Trabalho, esclarece sobre as hipóteses de presença obrigatória do advogado no âmbito da Justiça do Trabalho, ao dispor que o *jus postulandi* das partes, estabelecido no art. 791 da CLT, limita-se às Varas do Trabalho e aos Tribunais Regionais do Trabalho, não alcançando a ação rescisória, a ação cautelar, o mandado de segurança e os recursos de competência do Tribunal Superior do Trabalho.

Logo, plenamente aplicável na relação doméstica o *jus postulandi* para empregado e para o empregador.

5.2 A REPRESENTAÇÃO EM AUDIÊNCIA DO EMPREGADOR DOMÉSTICO – A FIGURA DO PREPOSTO

É sabido que o empregador doméstico pode ser tanto uma pessoa física quanto a família, podendo ser representado por qualquer outra pessoa que tenha capacidade de ser parte.

O artigo 843, parágrafo 1º, da CLT deixa certo que as partes deverão comparecer pessoalmente a audiência, sendo faculdade do empregador de se fazer substituir pelo gerente, ou qualquer outro preposto que tenha conhecimento dos fatos, e cujas declarações obrigarão o proponente.

Em regra, o preposto do reclamado em audiência deve ser seu empregado. Todavia, em determinadas situações, como no caso do micro e pequeno empresário e do empregador doméstico, tal exigência é incompatível com a realidade fática e deve ser mitigada.

Em outras palavras, o cerne da discussão em debate é saber se é exigido que o preposto do empregador doméstico seja empregado do reclamado. A jurisprudência do TST tem entendido não se exigir do empregador doméstico que o preposto seja obrigatoriamente seu empregado, podendo ele nomear pessoa a qual tenha conhecimento dos fatos envolvendo a relação mantida entre as partes.

SÚMULA N. 377 DO C. TST. PREPOSTO. EXIGÊNCIA DA CONDIÇÃO DE EMPREGADO. (conversão da Orientação Jurisprudencial n. 99 da SDI-1) – Res. 129/2005 – DJ 20.04.2005. Exceto quanto à reclamação de empregado doméstico, o preposto deve ser necessariamente empregado do reclamado. Inteligência do art. 843, § 1º, da CLT. (ex-OJ n. 99 – Inserida em 30.05.1997). Processo 0073600-05.2004.5.05.0631 – RO, ac. n. 001023/2006, Relatora Desembargadora VÂNIA J. T. CHAVES, 1ª. TURMA, DJ 07/02/2006.

Nesse sentido a Súmula 377 do TST, com o seguinte teor: "exceto quanto à reclamação de empregado doméstico, ou contra micro ou pequeno empresário, o preposto deve ser necessariamente empregado do reclamado. Inteligência do art. 843, § 1º, da CLT e do art. 54 da Lei Complementar n. 123, de 14 de dezembro de 2006".

Assim, o preposto do empregador doméstico é qualquer pessoa não sendo necessário ser empregador ou membro da família que frequenta a residência, basta o conhecimento dos fatos e não que tenha presenciado. Nesse sentido pode comparecer como preposto: porteiro do prédio, contador da família, amigo, vizinho etc.

5.3 EFEITOS DA AUSÊNCIA DAS PARTES EM AUDIÊNCIA: A CONFISSÃO E REVELIA

No processo do trabalho, na hipótese do empregado doméstico ajuizar reclamação trabalhista em face do empregador, ambos deverão estar presentes na audiência de conciliação, caso em que se o empregado não comparecer o juiz arquivará os autos.

Ocorrerá a revelia quando o empregador doméstico não comparecer na audiência em que deveria apresentar defesa, denominada de inicial ou inaugural, assim, o juiz do trabalho decretará a revelia, sujeitando-se o empregador doméstico aos seus efeitos, dentre os quais a confissão quanto à matéria de fato. Nesse sentido, a Súmula 122 do TST. Ainda sobre o tema, Carlos Henrique Bezerra Leite destaca: *Quando o empregador doméstico for a família, quem deve estar em juízo é a pessoa que anotou a CTPS do trabalhador doméstico ou qualquer outro membro da família, desde que juridicamente capaz, ou seja, tenha 18 anos completos e esteja no exercício pleno da capacidade para praticar os atos da vida civil.*

Em verdade, ocorrerá a confissão quando empregado e empregador doméstico não comparecerem na audiência de instrução a qual deveriam prestar depoimento pessoal. Nestes casos, declarada a confissão, é considerado verdadeiro tudo o que poderia ser demonstrado por meio de provas que poderiam ser realizadas durante a audiência.

5.4 ÔNUS DE PROVA

O artigo 818 da CLT estabelece textualmente que "o ônus de provas as alegações incumbe à parte que as fizer". Sobre o tema, aplica-se subsidiariamente o artigo 373 do NCPC, segundo o qual o ônus da prova incumbe ao autor, quanto ao fato constitutivo do seu direito; e, ao réu, quanto à existência de fato impeditivo, modificativo ou extintivo do direito do autor.

Aplica-se ao domestico ainda a jurisprudência sobre ônus de prova, como exemplos as recentes Súmulas 460 e 461 do TST que tratam do vale-transporte e das diferenças do FGTS, bem como Súmula 6 (equiparação salarial) e Súmula 16 (ônus de provar o não recebimento da citação) ambas do TST.

O aprendizado repousa na interpretação de que ao empregado doméstico, por exemplo, cabe o ônus de provar sua prestação de serviços para que se verifique a existência da relação de emprego. Nesse sentido a jurisprudência:

TRABALHO DOMÉSTICO NÃO CONFIGURADO. RECONHECIMENTO DO REGIME CELETISTA. O TRT, em consonância com o princípio do livre convencimento motivado (art. 131 do CPC), amparou-se no conjunto fático-probatório dos autos, reconhecendo que: a locação do imóvel não era eventual ou somente para temporada, nem era destinada apenas à manutenção da propriedade ou à cobertura de despesas correspondentes. Concluiu que – O trabalho do autor era realizado fora do âmbito residencial e não era destinado a atender às necessidades da entidade familiar da reclamada. Tratava da manutenção de um imóvel utilizado para angariar, habitualmente, renda. Caracteriza-se, aqui, a finalidade econômica. Afasta-se o autor, portanto, da definição legal de empregado doméstico, apresentada no art. 1 o da Lei n. 5.859/72.–. Assim, eventual conclusão contrária somente seria possível mediante o reexame de fatos e provas, o que é vedado neste momento processual, nos termos da Súmula n. 126 do TST. A incidência dessa súmula impede a análise da alegada violação de dispositivos de lei e da Constituição, bem como dos arestos colacionados. Recurso de revista de que não se conhece. MULTA DO ARTIGO 477, § 8º, DA CLT. A decisão recorrida está em consonância com a OJ n. 162 da SBDI-1 do TST: – A contagem do prazo para quitação das verbas decorrentes da rescisão contratual prevista no artigo 477 da CLT exclui necessariamente o dia da notificação da demissão e inclui o dia do vencimento, em *obediência ao disposto no artigo 132 do Código Civil de 2002 (artigo 125 do Código Civil de 1916) --. No caso dos autos a notificação da dispensa ocorreu em 22/03/2009, o prazo de dez dias começou a contar em 23/03/2009 e encerrou-se em 01/04/2009, enquanto o pagamento das verbas rescisórias foi feito em 02/04/2009, ou seja, intempestivamente. Recurso de revista de que não se conhece. MULTA DO ARTIGO 467 DA CLT. 1 – Desde logo cumpre esclarecer que o TRT decidiu a matéria, sobre a existência ou não de controvérsia quanto às verbas rescisórias, exclusivamente no que se refere ao valor do salário a ser considerado para o fim do cálculo das parcelas. A Corte regional consignou ainda que era incontroverso o valor do salário de R$ 800,00, conforme a documentação juntada pela própria reclamada na defesa (Súmula n. 126 do TST). 2 – A multa prevista no art. 467 da CLT tem como fato gerador o não pagamento das verbas rescisórias incontroversas, na data do comparecimento à Justiça do Trabalho, ou seja: não haver controvérsia na data da audiência é o requisito previsto em lei para a imposição da multa. Nesse contexto, correta a decisão do Regional que entendeu devido o pagamento da multa do art. 467 da CLT, em razão de não serem incontroversas as verbas rescisórias na data da audiência. 3 – Fora do pedido, mas em atenção aos limites da lide. Intactos os arts. 128 e 460 do CPC. Recurso de revista de que não se conhece. TST – RECURSO DE REVISTA RR 874002620095150121 (TST) – Data de publicação: 28/11/2014.*

Por fim, a dilação probatória no âmbito doméstico é difícil tendo em vista que regra geral falta prova testemunhal já que na residência raramente são diversos empregados para servirem de testemunha. Nesse sentido cabe ao magistrado exercer o ativismo judicial e aplicar ao artigo 373, parágrafo primeiro, do NCPC na busca da verdade real.

5.5 A IMPENHORABILIDADE DO BEM DE FAMÍLIA

Num primeiro momento, a Lei n. 8.009/90 garantia uma proteção ao imóvel destinado a residência de famílias, não sendo possível o pagamento de dívidas por meio deste. No entanto, exceção feita era em relação aos empregados domésticos, que poderiam penhorar o bem de família de seu empregador.

Exemplificativamente, o empregador doméstico deveria observar a legislação e respeitar todos os direitos de seu empregado, fiscalizando a jornada de trabalho e pagando todos os direitos inerentes a esse contrato de trabalho. Caso contrário, em uma eventual demanda judicial, poderiam até perder sua casa para pagar os valores devidos aos seus empregados. Nesse sentido, a jurisprudência:

PENHORA. BEM DE FAMÍLIA. PENHORABILIDADE. Em se tratando de crédito resultante de contrato de trabalho de empregado doméstico, mostram-se perfeitamente penhoráveis os bens de família, à luz do que dispõe o art. 3º, inc. I, da Lei n. 8.009/90." (TRT 3.ª R. – AP 825/00 – 2.ª T. – Rel. Juiz Emerson José Alves Lage – DJMG – 19.07.2000)

AGRAVO DE PETIÇÃO. BENS DE FAMÍLIA. PENHORABILIDADE. EMPREGADO DOMÉSTICO. Os bens que guarnecem o lar, mesmo que necessários, são passíveis de penhora, para garantir crédito devido a empregado doméstico, nos termos do inc. I, do art. 3º, da Lei n. 8.009/90. (TRT 3ª R. – AP 968/01 – 4ª T. – Rel. Juiz Luiz Otávio Linhares Renault – DJMG 21.04.2001 – p. 16)

O fato é que no tocante a crivo processualista envolvendo o empregado doméstico, o artigo 46 da LC n. 150/2015, revogou o inciso I do art. 3º da Lei n. 8.009/90, que versa sobre o bem de família que assim dispunha:

> Art. 3º A impenhorabilidade é oponível em qualquer processo de execução civil, fiscal, previdenciária, trabalhista ou de outra natureza, salvo se movido:
>
> I – em razão dos créditos de trabalhadores da própria residência e das respectivas contribuições previdenciárias;" (...)

Com a revogação desse inciso pela LC n. 150/2015, há a impenhorabilidade do bem de família do empregador doméstico em razão de dívidas trabalhistas ou por débitos relacionados com a contribuição previdenciária.

Ao revés caso o empregador doméstico possua mais de um bem imóvel, bem de família será apenas um deles, sendo o outro penhorável. Ademais, bens móveis poderão ser penhorados.

Partindo de tais premissas, a nova lei doméstica também trouxe uma mudança significativa no que diz respeito do Direito Civil e Processual Civil, se não bastasse no Direito do Trabalho.

CAPÍTULO 6

A RELAÇÃO DO TRABALHO DOMÉSTICO COM A PREVIDÊNCIA SOCIAL

Além da ratificação e regulamentação de diversos direitos trabalhistas dos empregados domésticos, a LC n. 150/2015 também se objetivou a garantir alterações nas leis previdenciárias (Lei n. 8.212/91 e Lei n. 8.213/91), na medida em que possibilitou equivalente condição do empregado doméstico com o segurado empregado e do trabalhador avulso. Verifica-se, portanto, a grande relação do trabalho doméstico com a Previdência Social.

6.1 REDOM – PROGRAMA DE RECUPERAÇÃO PREVIDENCIÁRIA DOS EMPREGADOS DOMÉSTICOS

Em princípio, os artigos 39 e seguintes da LC n. 150/2015, instituíam o Programa de Recuperação Previdenciária dos Empregadores Domésticos (Redom), que têm por objetivo conceder aos empregadores domésticos o parcelamento de todos os seus débitos, com vencimento até 30 de abril de 2013, com o Instituto Nacional do Seguro Social (INSS).

O artigo 40 da lei determina que o parcelamento deverá ser requerido no prazo de 120 (cento e vinte) dias após a sua entrada em vigor, abrangendo todos os débitos existentes em nome do empregado e do empregador, na condição de contribuinte, inclusive débitos inscritos em dívida ativa. Desse modo, poderão ser pagos de duas formas

Na primeira delas o pagamento será com redução de 100% (cem por cento) das multas aplicáveis, de 60% (sessenta por cento) dos juros de mora e de 100% (cem por cento) sobre os valores dos encargos legais e advocatícios. Já na segunda, os débitos serão parcelados em até 120 (cento e vinte) vezes, com prestação mínima no valor de R$ 100,00 (cem reais).

É preciso destacar que a manutenção injustificada em aberto de 3 (três) parcelas implicará, após comunicação ao sujeito passivo, a imediata rescisão do parcelamento e, conforme o caso, o prosseguimento da cobrança.

Sendo assim, duas situações podem ocorrer caso haja rescisão do parcelamento com o cancelamento dos benefícios concedidos: será efetuada a apuração do valor original do débito, com a incidência dos acréscimos legais, até a data de rescisão; ou serão deduzidas do valor referido no inciso I deste parágrafo as parcelas pagas, com a incidência dos acréscimos legais, até a data de rescisão (art. 40, parágrafo 4º).

O programa não é obrigatório ao empregador doméstico, sendo uma faculdade destinada a este. Assim, a lei propõe que a opção pelo Redom sujeita o contribuinte a confissão irrevogável e irretratável se seus débitos, sendo que para o empregado doméstico observa-se o artigo 20 da Lei n. 8.212/91 e para o empregador o artigo 24 da Lei n. 8.212/91; cujo vencimento será no dia 30 de abril de 2013.

Além do mais, sujeita-se tanto a aceitação plena e irretratável de todas as condições estabelecidas; quanto ao pagamento regular das parcelas do débito consolidado, assim como das contribuições com vencimento posterior a 30 de abril de 2013.

6.2 AS CONTRIBUIÇÕES PREVIDENCIÁRIAS

Como já mencionado, a LC n. 150/2015 fez alterações significativas nas leis previdenciárias e, o importante delas foi determinar obrigações ao empregador doméstico no tocante as contribuições previdenciárias. Todavia, na relação de trabalho doméstico, não houve alteração da contribuição patronal, que ainda permanece de 12% do salário de contribuição do empregado doméstico a seu serviço (art. 24 da Lei n. 8.212/91).

Esse procedimento destacou que por meio da nova redação do artigo 30, V, da Lei n. 8.212/91, empregador doméstico tem a obrigação de arrecadar e recolher a contribuição do segurado empregado a seu serviço, assim como a parcela a seu cargo, até o dia 7 do mês seguinte ao da competência.

Na hipótese de fraude de registro na CTPS do empregado doméstico, caso em que os valores registrados são menores do que o valor realmente pago será possível a cobrança das contribuições atrasadas, acrescidas de juros e multas.

Assim, a contribuição esta que deverá ser calculada mediante a aplicação da correspondente alíquota sobre o salário de contribuição, que corresponde a remuneração registrada na CTPS do empregado doméstico.

O artigo 20 da Lei n. 8.212/91 dispõe sobre as alíquotas incidentes sobre o salário de contribuição, cuja variação é de 8%, 9% e 11%, progressivamente e de acordo com a remuneração.

6.3 AS MUDANÇAS OCORRIDAS NA LEI DOS BENEFÍCIOS PREVIDENCIÁRIOS

As alterações advindas da Lei Complementar n. 150/2015, por sua vez, trouxeram diversos reflexos na Lei n. 8.213/91, que é a Lei de Benefícios da Previdência Social, em razão de o empregado doméstico ser um dos segurados obrigatórios da Previdência Social.

Seguindo esse raciocínio, antes da LC n. 150/2015, somente os empregados, trabalhadores avulsos e segurados especiais tinham direito ao benefício do auxílio-acidente. Vê-se, desse modo, a primeira alteração na Lei n. 8.212/91, já no seu artigo 18, parágrafo 1º, a inclusão dos empregados domésticos neste rol.

A simples leitura do artigo 19 da norma previdenciária deixa certo que acidente de trabalho é o que ocorre pelo exercício do trabalho a serviço de empresa ou de empregador doméstico ou pelo exercício do trabalho dos segurados especiais do artigo 11, VII, provocando lesão corporal ou perturbação funcional que cause a morte ou a perda ou redução, permanente ou temporária, da capacidade para o trabalho.

Assim, para incluir como tal o acidente sofrido no trabalho prestado, também, a empregador doméstico, a LC n. 150/2015, alterou o dispositivo da lei dos benéficos.

Questiona-se, todavia, a diferença entre o auxílio-acidente e o auxílio-doença acidentário, sendo o auxílio-acidente devido com o objetivo de reparação pela perda parcial da capacidade de trabalho em razão de um acidente; ou seja, tem natureza indenizatória. Em outras palavras, a pessoa não fica incapaz para o trabalho, mas somente adquire uma sequela que reduz sua capacidade de trabalho.

Em contrapartida, o auxílio doença acidentário é um benefício devido em consequência de afastamento do trabalho por motivo de acidente do trabalho, do qual resultou incapacidade temporária para o trabalhador pelas sequelas causadas pelo evento infortunístico.

A seguir, o artigo 21-A, retrata o nexo técnico epidemiológico, sendo caracterizado o acidente de trabalho caso o médico perito verifique que a doença do segurado tem nexo com o exercício de sua atividade, mesmo não havendo a comunicação de acidente de trabalho por parte do empregado, do empregador ou do sindicato. Nesse sentido, assim como a empresa, poderá o empregador doméstico requerer a não aplicação do nexo.

O artigo 22 também foi adaptado para incluir o empregado doméstico, que assim como a empresa, passará a ter o dever de comunicar o acidente de trabalho a (crase) previdência social ate o 1º dia útil seguinte ao da ocorrência, sob pena de multa.

No tocante a carência, o artigo 27 da LC n. 150 destacou que será considerada para carência do empregado doméstico, a contribuição referente ao período a partir da data da filiação ao RGPS. Desse modo, depende do empregador o pagamento em dia, de forma que a inadimplência do empregador acabava prejudicando o empregado, que não teria a contribuição computada para carência. Nesse ponto, as alterações foram singelas, porém não menos importantes.

Antes da alteração, o período de carência dos empregados domésticos era computado a partir da primeira contribuição paga sem atraso, não sendo computadas para carência as contribuições em atraso anteriores à primeira em dia.

Na sequência, antes da alteração, o artigo 134 da Lei de Benefícios informava que, no caso da renda mensal do benefício do empregado doméstico só seriam consideradas as contribuições efetivamente recolhidas. Com a LC n. 150/2015, o artigo 34 estabelece que entrarão no cálculo do benefício do empregado doméstico as contribuições devidas, ainda que não recolhidas. Nessa toada, o auxílio-acidente recebido também será utilizado como salário de contribuição para fins de concessão de qualquer aposentadoria.

O artigo 35 inclui o empregado doméstico segurado que tiver direito ao benefício, mas não conseguir comprovar o valor dos seus salários de contribuição, terá garantida a concessão do benefício no valor mínimo.

Já no artigo 37, a menção é sobre o direito de revisão do valor, e no artigo 38, sobre o dever de a previdência social manter cadastro dos segurados com todas as informações necessárias para o cálculo da renda mensal dos benefícios, esse cadastro é mantido no sistema CNIS – Cadastro Nacional de Informações Sociais.

Com relação à mudança ocorrida na Lei n. 8.213/91 cujo tema é o benefício auxílio-doença, houve a inclusão do empregado doméstico, considerando-os licenciados quando em gozo de auxílio-doença.

Um importante direito garantido foi o benefício do salário família, devido aos filhos até 14 anos, e filhos inválidos independentemente da idade.

A LC n. 150 alterou o artigo 65 da Lei n. 8.213/91 para que o empregado doméstico também pudesse gozar de tal benefício assim como o empregado e o trabalhador avulso. Desse modo, o empregado doméstico deverá apresentar a certidão dos filhos para que tenha direito ao benefício, enquanto os demais segurados necessitam apresentar outros documentos, a título de exemplo um atestado de vacinação.

Por fim, assim como a empresa, deverá o empregador doméstico pagar o salário-família juntamente com o salário do empregado doméstico, e conservar durante dez anos os comprovantes de pagamentos e cópias das certidões; inteligência da nova redação do artigo 68.

CAPÍTULO 7

MODELOS

7.1 Modelo de contrato de trabalho

CONTRATO DE TRABALHO DOMÉSTICO

Pelo presente instrumento, as partes: (nome), (nacionalidade), (estado civil), (profissão), titular do CPF n. (............), RG (............), residente na Rua (endereço) que, por força do presente contrato passa a ser denominado(a) EMPREGADOR(A) DOMÉSTICO(A), e (nome), (nacionalidade), (estado civil), (profissão), titular do CPF n. (............), RG (............), residente na Rua (endereço), doravante designado(a) EMPREGADO(A) DOMÉSTICO(A), firmam o presente CONTRATO DE TRABALHO DOMÉSTICO, nos termos da Lei Complementar n. 150/2015, com as seguintes cláusulas e condições:

1ª CLÁUSULA – O(a) empregado(a) acima nominado se obriga a prestar serviços domésticos que vierem a ser objeto de ordens, verbais ou escritas, segundo as necessidades do(a) empregador(a), desde que compatíveis com as suas atribuições, na residência deste (a), mediante o pagamento do salário mensal de R$ (.....), (valor por extenso), sujeitando-se, contudo, aos descontos legais e adiantamentos recebidos, a ser pago até o 5º (quinto) dia útil do mês subsequente ao vencido.

Parágrafo Único – São considerados serviços domésticos, dentre outros, as atividades de preparo de refeições, assistência às pessoas, cuidados com peças do vestuário, arrumação, faxina, cuidado com plantas do ambiente interno e animais domésticos.

2ª CLÁUSULA – A prestação do serviço se dará de segunda-feira a sábado, no horário de ...... às ......, com intervalo de .... às ...., perfazendo a jornada de 8 horas diárias e de 44 horas semanais (se houver necessidade de horas extraordinárias, deverá ser celebrado acordo de prorrogação de jornada).
Parágrafo Único – O(a) empregado(a) terá direito ao seu repouso semanal remunerado, que será concedido preferencialmente aos domingos (observar a periodicidade legal coincidente com o domingo), como também ao gozo dos feriados civis e religiosos (1º de janeiro, Sexta-Feira da Paixão, 21 de abril, 1º de maio, 7 de setembro, 12 de outubro, 2 de novembro, 15 de novembro 25 de dezembro e os declarados em lei), sem prejuízo de sua remuneração, podendo, se houver trabalho nesses dias, ser concedida folga compensatória ou efetuado o pagamento correspondente.

3ª CLÁUSULA – Ficará a cargo do(a) empregador(a) doméstico(a) a decisão acerca de eventual uso de uniforme pelo(a) empregado(a) doméstico(a).

4ª CLÁUSULA – Sempre que causar algum prejuízo, resultante de alguma conduta dolosa ou culposa ficará obrigado(a) o(a) empregado(a) a ressarcir o(a) empregador(a) pelos danos causados.

5ª CLÁUSULA – O prazo deste contrato é de 30 dias, a título de experiência, podendo ser prorrogado por mais (30 ou 60) dias (desde que a soma desses períodos não exceda de 90 dias), se rescindido, neste prazo, não haverá cumprimento ou indenização do aviso-prévio.
Parágrafo único – Permanecendo o(a) empregado(a) a serviço do(a) empregador(a) após o término do período de experiência, continuarão em vigor por prazo indeterminado as cláusulas constantes deste contrato. Por estarem de acordo, firmam o presente contrato de trabalho doméstico, para que possa produzir seus efeitos legais. ...., .../......../............

_____
(nome) – empregador doméstico

_____
(nome) – empregado doméstico

7.2 Modelo de recibo de pagamento de salário

```
                    RECIBO DE PAGAMENTO DE SALÁRIO
Empregador(a):..........................................................................................
Empregado(a):...........................................................................................
Período: _____/_____/_____
Salário Contratual:................................... R$ .....................................
Descontos Efetuados:...............................R$ .....................................
Vale-Transporte:........................................ R$ .....................................
Contribuição Previdenciária (INSS):.......... R$ .....................................
Adiantamentos:.......................................... R$ .....................................
Total:.......................................................... R$ .....................................
Recebi a quantia líquida de R$ ............. referente ao salário que me é devido
pelos serviços prestados em razão do contrato de trabalho.
Local/Data _____, _____/_____/_____.
                        _____
                        Assinatura do(a) empregado(a) doméstico(a)
```

7.3 Modelo de recibo de pagamento de férias

```
                            RECIBO DE FÉRIAS
Empregador(a):..........................................................................................
Empregado(a):...........................................................................................
Período Aquisitivo:....................................................................................
Período de Gozo:........................................................................................
Valor da Remuneração:...... R$
1/3 Constitucional:............. R$
Descontos:........................ R$
Adiantamentos:.................. R$
Valor Líquido:..................... R$
Recebi a quantia líquida de R$ ...............................(...............................),
referente ao período de férias acima discriminado.
Local/Data _____, _____/_____/_____.
                        _____
                        Assinatura do(a) empregado(a) doméstico(a)
```

7.4 Modelo de recibo de pagamento de vale-transporte

RECIBO DE ENTREGA DE VALE-TRANSPORTE

Empregador(a):..
Empregado(a):..
Recebi .... vale-transporte, referentes ao mês de ....
Local/Data _____, ____/____/____ .

7.5 Modelo de aviso-prévio

AVISO-PRÉVIO

Demissão pelo(a)Empregador(a):
Comunico o(a) Sr.(a)..que, a partir do
dia ____/____/____, os seus serviços não serão mais necessários nesta casa, servindo, pois, a presente como aviso de rescisão contratual.
( ) Período de cumprimento do aviso-prévio trabalhando até ....
( ) Fica dispensado de cumprir o aviso, que será indenizado.
Local/Data
Assinatura do(a) empregado(a)
Aviso-Prévio (Pedido de Demissão)
Comunico o(a) Sr.(a) ....
que, a partir do dia ____/____/____, não mais prestarei meus serviços nesta casa, servindo, pois, a presente como aviso de rescisão contratual.
Local/Data
Local/Data _____, ____/____/____

_____
Assinatura do(a) empregado(a) doméstico (a)

REFERÊNCIAS BIBLIOGRÁFICAS

ALMEIDA, Amador Paes de. *CLT Comentada*. São Paulo: Saraiva. 2005.

ALVAREGA, Rúbia Zanotelli de; CORDEIRO, Lucas Raggi Tatagiba. O novo contrato de trabalho do empregado doméstico. *Revista do direito trabalhista*, Brasília, v. 21, n. 1, p. 18-25, jan. 2015.

ARANTES, Delaíde Alves Miranda. Trabalho decente para os trabalhadores domésticos do Brasil e do mundo. In: GUNTHER, Luiz Eduardo; MANDALOZZO, Silvana Souza Netto. *Trabalho doméstico*: teoria e prática da Emenda Constitucional 72, de 2013. Curitiba: Juruá, 2013, p. 83-86.

_____. *De doméstica a ministra*. Isto é, São Paulo, v. 37, n. 2270, p. 59-62, 22 maio 2013. Entrevista concedida a Izabelle Torres e Josie Jeronimo.

ÁVILA, Humberto. *Teoria dos Princípios* – da definição à aplicação dos princípios jurídicos. São Paulo: Malheiros, 2003.

BARROS, Alice Monteiro. *Curso de direito do trabalho*. 9 ed. são Paulo: LTr, 2013.

BARROSO, Luís Roberto. *Interpretação e Aplicação da Constituição*. 4. ed. rev. e atual., São Paulo: Saraiva, 2001.

BRASIL. *Consolidação das Leis do Trabalho*.

CLT organizada / organizadores Leone Pereira, Marcos Scalércio, Renata Orsi. – 4ª ed. rev., ampl. e atual. – São Paulo: Editora *Revista dos Tribunais*, 2016.

CARRION, Valentin; Carrion, Eduardo Kroeff Machado. *Comentários à consolidação das leis do trabalho*. 38. ed. atual. São Paulo: Saraiva, 2013

CRIANÇA precisa de proteção, não de patrão: o trabalho infantil doméstico na sociedade. Belo Horizonte: Brasília, Circo de Todo Mundo ; OIT , 2004. 43 p. TST 331-053.6 C928

COELHO, Luiz Filipe Ribeiro. *Diarista*. Correio Braziliense, Brasília, n. 16577, 6 out. 2008, Caderno Direito e Justiça, p. 7.

COUTO, Osmair. Empregado doméstico: conceito, direitos, aspectos controvertidos. *Revista Nacional de Direito do Trabalho*, Ribeirão Preto, v. 7, n. 75, p. 60-63, jul. 2004.

DELGADO, Mauricio Godinho, *Curso de Direito do Trabalho*, São Paulo: LTr Editora, 2016.

DELGADO, Mauricio Godinho; Delgado, Gabriela Neves. *Constituição da República e direitos fundamentais*: dignidade da pessoa humana, justiça social e direito do trabalho. 2. ed. São Paulo: LTr, 2013

_____. *O Novo Manual do Trabalho Doméstico* com os Comentários aos Artigos da LC n. 150/2015. 2. ed. São Paulo: LTr, 2016. LEITE, Carlos Henrique Bezerra; LEITE, Laís Durval;

_____. *O Novo Manual do Trabalho Doméstico* com os Comentários aos Artigos da LC n. 150/2015. 2. ed. São Paulo: LTr, 2016.

DUTRA, Maria Zuíla Lima. A inviolabilidade do lar e o trabalho infantil doméstico. *Revista do Tribunal Superior do Trabalho*, São Paulo, v. 81, n. 1, p. 152-175, jan./mar. 2015.

DUTRA, Maria Zuíla Lima. *Meninas domésticas, infâncias destruídas*: legislação e realidade social. São Paulo: LTr, 2007. 149 p. TST 331-053.6 D978 M

FERREIRA, Matheus Viana. *Empregado doméstico*: jornada de trabalho e seus desdobramentos sob a ótica da Emenda constitucional 72/2013. Ciência jurídica do trabalho, Belo Horizonte, v. 18, n. 110, p. 9-39, mar./abr. 2015.

FONSECA, José Geraldo da. *Domésticas e diaristas*: questões polêmicas. O Trabalho: doutrina em fascículos mensais, Brasília, n. 117, p. 3.578-3.584, nov. 2006.

GUIMARÃES, Ricardo Pereira de Freitas. Novos direitos das domésticas completam nove meses. *Jornal Trabalhista Consulex*, Brasília, v. 31, n. 1510, p. 13, jan. 2014.

HESSE, Konrad. A força normativa da Constituição. Porto Alegre: Sérgio Antonio Fabris, 1991.

KASSEN, Fábio Gea. *O empregado doméstico sob a ótica da Lei n. 11324/2006*. Ciência Jurídica do Trabalho, Belo Horizonte, v. 12, n. 75, p. 107-152, maio/jun. 2009.

LEITE, Carlos Henrique Bezerra; LEITE, Laís Durval; LEITE, Letícia Durval. *A Nova Lei do Trabalho Doméstico* – Comentários a Lei Complementar n. 150/2015. São Paulo: Saraiva, 2015.

LEITE, Letícia Durval. *A Nova Lei do Trabalho Doméstico* – Comentários a Lei Complementar n. 150/2015. São Paulo: Saraiva, 2015

LENZA, Pedro. *Direito Constitucional Esquematizado*. 14. ed., São Paulo: Saraiva, 2010.

LOPES, Marcus Aurélio. Anotações sobre o trabalho doméstico: Convenção n. 189 da OIT, EC n. 72/2013 e Projeto de Lei Complementar PLP n. 302/2013 (Câmara dos Deputados). *Revista LTr*: legislação do trabalho, São Paulo, v. 78, n. 1, p. 74-85, jan. 2014.

GARCIA, Gustavo Filipe Barbosa. *Curso de direito do trabalho* – 8. ed., rev., atual. e ampl. – Rio de Janeiro: Forense, 2014.

GÓES, Maurício de Carvalho. *A problemática hermenêutica na configuração da relação de emprego doméstico*. Justiça do Trabalho, Porto Alegre, v. 24, n. 285, p. 81-92, set. 2007.

GOMES, Orlando & GOTTSCHALK, Elson. *Curso de Direito do Trabalho*. Rio de Janeiro: Forense, 2005.

JORGE NETO, Francisco Ferreira & CAVALCANTE, Jouberto de Quadros Pessoa. *Direito do Trabalho*. Rio de Janeiro: Lumen Juris. 2005.

JÚNIOR, Flávio Martins Alves Nunes. Curso de Direito Constitucional, *Revista dos Tribunais*, São Paulo, 2017.

MAGANO, Octavio Bueno. *Manual de Direito do Trabalho*. 2. ed. São Paulo: LTr, 1987.

MANUS, Pedro Paulo Teixeira. *Direito do Trabalho*. São Paulo: Atlas, 2011.

MALLET, Estevão; ROBORTELLA, Luiz Carlos Amorim (coord.). *Direito e processo do trabalho*: estudos em homenagem a Octavio Bueno Magano. São Paulo, LTr, 1996

MARTINS, Sérgio Pinto. Alterações feitas na Lei n. 5.859/1972 pela lei n. 11.324/2006 quanto aos domésticos. *Revista IOB*: trabalhista e previdenciária, São Paulo, v. 17, n. 209, p. 22-30, nov. 2006.

_____. *Direito do trabalho*. São Paulo: Atlas, 2013. 344.01 M379d/ 1

_____. *Manual do trabalho doméstico*. 11. ed. São Paulo: Atlas, 2012. 166 p. TST 331:647 M386 M 11.ED.

MEDEIROS, Juliano da Cunha Frota. *Empregado doméstico, FGTS e seguro desemprego*. Correio Braziliense, Brasília, n. 16535, 25 ago 2008, Caderno Direito e Justiça, p. 4.

MENDONÇA, Euclydes José Marchi; SILVA, Bruno Trapanotto da. Breves considerações sobre a jornada de trabalho e a Emenda Constitucional n. 72/2013. *Revista do Tribunal Regional do Trabalho da 2. Região*, São Paulo, n. 15, p. 69-82 2014.

NASCIMENTO, Amauri Mascaro. *Iniciação ao Direito do Trabalho*. 39.ed. São Paulo: LTr Editora, 2014.

NERY Jr., Nelson. *Princípios do processo na Constituição Federal*. 10. ed. São Paulo: RT, 2010. p. 41.

OLIVEIRA, Aristeu. *Manual prático do empregador doméstico*. 4. ed. São Paulo: Atlas, 2010. TST 331:647 O48 M 4.ED.

REBUÁ FILHO, Oreste Antonio Nascimento. A regulamentação da profissão de diarista. *Jornal Trabalhista*, Brasília, v. 26, n. 1302, p. 12, dez. 2009

ROMAR, Carla Teresa Martins. *Direito do trabalho esquematizado*. São Paulo: Saraiva, 2014.

SANTOS JÚNIOR, Valdir Garcia dos. Empregado doméstico na atualidade: enfoque na Lei nº 11.324/06. *Jornal Trabalhista Consulex*, Brasília, v. 25, n. 1.223, p. 7-9, maio, 2008.

SILVA, José Afonso da. *Curso de Direito Constitucional Positivo*. 23. ed., São Paulo: Malheiros, 2004

SILVA, Homero Batista Mateus da. Singularidades da legislação do trabalho doméstico. *Revista do Tribunal Regional do Trabalho da 2. Região*, São Paulo, n. 15, p. 47-61, 2014.

Scalércio, Marcos. *Jurisprudência consolidada do TST e enunciados das jornadas* : organizados por temas / Marcos Scalércio, Tulio Martinez Minto. — 2. ed. — São Paulo : LTr, 2016.

_____. *Normas da oiT organizadas por temas*/ Marcos Scalércio, Tulio Martinez Minto. — São Paulo : LTr, 2016.

_____. *Prática de audiência trabalhista conforme o novo CPC*/ Marcos Scalércio, Tulio Martinez Minto. – São Paulo : LTr, 2016.

SUSSEKIND, Arnaldo; MARANHÃO, Délio; VIANNA, Segadas. *Instituições de Direito do Trabalho*. São Paulo: LTr, 2005. vol. 1 e 2.

Produção Gráfica e Editoração Eletrônica: PIETRA DIAGRAMAÇÃO
Projeto de Capa: FABIO GIGLIO
Impressão: PIMENTA & CIA LTDA